L'AFRICAINE

OPÉRA EN CINQ ACTES

PAROLES

D'EUGÈNE SCRIBE

MUSIQUE DE

GIACOMO MEYERBEER

Représenté pour la première fois sur le Théâtre impérial de l'Opéra le 28 avril 1865

DEUX FRANCS

PARIS

LIBRAIRIE INTERNATIONALE
A. Lacroix, Verboeckhoven et Cⁱᵉ, Éditeurs
15, BOULEVARD MONTMARTRE, 15
Au coin de la rue Vivienne

G. BRANDUS & S. DUFOUR
Éditeurs de Musique
103, RUE DE RICHELIEU, 103
Au premier

Mᵐᵉ VEUVE JONAS, LIBRAIRE DE L'OPÉRA

L'AFRICAINE

OPÉRA

Représenté pour la première fois à Paris, sur le Théâtre impérial de l'Opéra, le 28 avril 1865

AVIS

La musique de L'AFRICAINE est publiée par MM. Brandus et Dufour (voir à la fin du présent libretto le catalogue de leurs publications sur cet opéra).

On trouve chez les mêmes éditeurs les dessins des décors et des costumes, ainsi que la mise en scène conforme à la représentation. — On peut également se procurer cette dernière chez M. Coleuille, régisseur de la scène de l'Académie impériale de Musique, rue Drouot, lequel fournira à MM. les directeurs des théâtres toutes les indications et tous les renseignements nécessaires.

Les décors du 1er et du 2e acte sont de MM. Rubé et Chapron;
Ceux du 3e et du 4e acte sont de MM. Cambon et Thierry;
Ceux du 5e acte sont de MM. Desplechin et Lavastre.

249. PARIS. — IMPRIMERIE POUPART DAVYL ET COMP, RUE DU BAC, 30

L'AFRICAINE

OPÉRA EN CINQ ACTES

PAROLES

D'EUGÈNE SCRIBE

MUSIQUE DE

GIACOMO MEYERBEER

PARIS

LIBRAIRIE INTERNATIONALE	G. BRANDUS & S. DUFOUR
A. Lacroix, Verboeckhoven et Cᵉ, Éditeurs	Éditeurs de Musique
15, BOULEVARD MONTMARTRE, 15	103, RUE DE RICHELIEU, 103
Au coin de la rue Vivienne	Au premier

Mᵐᵉˢ VEUVE JONAS, LIBRAIRE DE L'OPÉRA

1865 C.

CHANT

—◦◦◦—

Premiers dessus. — Coryphée : Mme Granier. — Mmes Garrido, Marcus, Courtois, Bertin, Godallier, Stech, Mignot, Lebrun, Lasserre, Procksch, Prudhomme.

Seconds dessus. — Mmes Lemarre, Albertini, Mariette, Prély, Odot, Lourdin, Hubert, Motteux, Parent, Klemczynski, Zélic.

Troisièmes dessus. — Mmes Vaillant, Brousset, Jacquin, Metzger, Guillaumot, Laurence, Gilbert, de Bondé.

Quatrièmes dessus. — Coryphée : Mme Christian. — Mmes Jacques, Tissier, Ghiringhelli, Cotteignies, Barral, Printemps, de Busigne.

Enfants. — Riga, Lejeune, Gouard, Stech, Wreden, Charon, Cognet, Bour.

Premiers ténors. — Coryphées : MM. Chazotte et Caraman. — MM. Louvergne, Cresson, Desdet, Bresnu, Marty, Dupuis, Prieux, Desdet fils, Pulliat, Hélin, Carteret.

Seconds ténors. — Coryphées : MM. Donzel et Fleury. — MM. Foy, Marin, Laborde, Couteau, Lalande, Bay, Blanc, Hamger, Connesson, Granger, de Sörös, Imbert.

Premières basses. — Coryphées : MM. Delahaye, Noir. — MM. Hano, Hennon, Gentile, Margaillan, Schmidt, Legée, Jolivet.

Secondes basses. — Coryphée : M. Georget. — MM. Mouret, Jacques, Boussagol, Marjollet, Jary, Van-Hoof, Danel, Fayet, Thuillart, George, Hourdin, Debaene, Donnette, Dodin.

DANSE

—◦◦◦—

PREMIER ACTE

Huissiers.

MM. Millot, Monfallet, Darcourt, Josset 1er.

TROISIÈME ACTE

Mousses.

MM. Lavigne, Hoquante, Granjon, Bust, Ruault, Fournot, Porcheron, Léger.

Indiens.

MM. Cornet, Pluque, Lefèvre, Bion, Pissarello, Jules, Bertrand, Leroy, Galland, Lecerf, Barbier, Meunier, Perrot, Fournier, Fanget, Desvignes, Gabiot 1er, Michaux, Salomon, Bretonneau, Guillemot, Josset 3e.

Servantes.

Mlles Gueroult, Masson.

Dames.

Mlles Meunier, Letellier, Meurant, Lefèvre.

QUATRIÈME ACTE

Marche Indienne.

Sacrificateurs : MM. Bertrand, Galland, Barbier, Meunier, Jules, Leroy, Lecerf, Perrot.

Prêtresses de Brahma : Mlles Morando, Tarlé, Lesage, Fatou, Lapy.

Prêtresses de Vischnou : Mlles Stoïkoff, Gamblon, Pouilly, Vibon, Balson.

Prêtresses de Siva : Mlles Montaubry, Malot 1re, Piquart, Alexandre, Volter 1re.

Bayadères : Mlles Bossi, Laurent, Ribet 1re, Jousse, Allias, Georgeault, Simon, Parent 2e, Valet.

Amazones : Mlles Marquet, Lamy, Saulaville, Leroy, Rust, Volter 2e, Brach, Jousset, Léger.

Gardes de Sélika : MM. Fournier, Fanget, Desvignes, Gabiot, 1er, Michaux, Salomon, Bretonneau, Guillemot.

Suivantes de Sélika : Mlles Ménier, Chevallier, Vallier, Thouvenot, Malgorue, Thessier, Bussy 1re, Rosé.

Petits esclaves : MM. Josset 2e, Bussy, Josset 3e, Polin.

Sacrificateurs.

MM. Bertrand, Galland, Barbier, Jules, Leroy, Lecerf.
Jeunes prêtresses : MM^{lles} Pallier et Vitcoq.

Fête nuptiale

Mlles Mulot 1re, Piquart, Alexandre, Gamblon, Volter 1re, Tarlé, Pouilly, Vibon, Dauwes, Balson, Simon, Parent 2e, Valet, Thomasson, Lesage, Munié.

Mlles Lamy, Saulaville, Montaubry, Leroy, Rust, Volter 2e, Brach, Laurent.

Prêtresses.

Mlles Chevallier, Masson, Menier, Gueroult, Vallier, Gabot 1re, Thouvenot, Gillet 1re.

Porteuses de Voile.

Mlles Parent 3e, Verne.

CINQUIÈME ACTE

Indiens.

MM. Estienne, Cornet, Pluque, Lefèvre, Julend, Bertrand, Biou, Leroy, Pissarello, Galland, Lecerf, Barbier.

PERSONNAGES

DON PÉDRO, président du conseil du roi de Portugal. . . . M. BELVAL.
DON DIÉGO, membre du conseil. . . . . M. CASTELMARY.
INÈS, sa fille. . . . . Mlle MARIE BATTU.
VASCO DE GAMA, officier de marine. . . . . M. NAUDIN.
DON ALVAR, membre du conseil. . . . . M. WAROT.
LE GRAND INQUISITEUR de Lisbonne. . . . . . . M. DAVID.
NÉLUSCO, } esclaves. . . . . { M. FAURE.
SÉLIKA, } { Mme MARIE SAXE.
LE GRAND PRÊTRE DE BRAHMA. . . . . M. OBIN.
ANNA, suivante d'Inès. . . . . Mlle LEVIELLY.

OFFICIERS DE MARINE. . . . . {
Mmes GRÉVY.
AIMÈS.
TISSÈRE.
MERMAND.
FLEURY.

ÉVÊQUES. . . . . {
MM. PORTHEAUT.
MECHELAERE
FRERET.
VIDAL.
NOIR.
DELAHAYE.
GEORGET.
MOURET.
CLÉOPHAS.

UN HUISSIER. . . . .
CONSEILLERS DU ROI DE PORTUGAL.
PRÊTRES DE BRAHMA.
INDIENS, MALGACHES des deux sexes.
HUISSIERS DU CONSEIL.
OFFICIERS, SOLDATS, MATELOTS.

L'AFRICAINE

ACTE PREMIER.

La salle du conseil du roi de Portugal, à Lisbonne. Portes au fond. Portes latérales. A droite, le fauteuil du président, placé sur une estrade. A droite et à gauche les siéges des conseillers.

SCENE I.

INÈS et ANNA entrent.

INÈS, avec agitation.

Que dis-tu? chez le roi mon père entre à l'instant?
Il m'ordonne en ces lieux d'attendre sa présence?

ANNA.

Pour un objet, dit-il, d'une haute importance.

INÈS.

Que me veut-on? Je crains... D'un noir pressentiment
Mon esprit est troublé... je ne puis m'y soustraire.
Hélas! Vasco toujours absent...

1.

ANNA.

Vous l'attendez encor après deux ans?

INÈS.

J'espère.

Si je n'espérais plus, ah ! je ne vivrais pas !
L'existence sans lui, ce serait le trépas !
C'est pour moi que Vasco, s'éprenant de la gloire,
Du grand marin Diaz partageant les travaux,
          Affrontant les vents et les flots,
     Vogue avec lui vers des pays nouveaux.
Ma main sera pour lui le prix de la victoire :
Protégé par l'amour, Vasco triomphera.
          Il reviendra !
          Je le sens là.
          Le chant d'adieu,
     De sa voix douce et tendre,
     A toute heure, en tout lieu
          Je crois l'entendre !
Sous mon balcon, la nuit qu'il nous quitta,
Les yeux en pleurs, ainsi Vasco chanta :

Romance.

     Adieu, rive du Tage,
     Où j'ai reçu le jour ;
     Adieu, charmant rivage,
     Où j'ai connu l'amour.
     Pour celle qui m'est chère
     Seront mes derniers vœux.
     Et vous, brise légère,
     Portez-lui mes adieux...
          Amours de l'enfance
          Si chers à nos cœurs,
          Rêves d'espérance,
          Charmes de l'absence,
          Ah ! sans vous je meurs !

SCÈNE II.

LES Précédents, DON DIÉGO, puis DON PÉDRO.

INÈS, allant au-devant de don Diégo.

Mon père, par votre ordre...

DON DIÉGO.

Inès, tu dois savoir
Qu'obéir à mes lois est ton premier devoir ;
D'un glorieux époux, dans sa bonté suprême,
Pour toi le souverain a fait le choix lui-même :
C'est don Pédro !

INÈS.

Qui ? lui ! Jamais, jamais, mon père !

DON DIÉGO.

Le roi le veut, ainsi que moi ; crains ma colère !
(Baissant la voix.)
A ce brillant hymen immole un fol amour
Pour ce jeune homme obscur...

INÈS, avec feu.

Il sera grand un jour !
Son esprit noble et fier...

DON DIÉGO.

L'a conduit à sa perte.
(A don Pédro, à qui un huissier a remis à son entrée en scène des
papiers qu'il parcourt.)
Faut-il croire les bruits répandus ce matin,
Qui de Bernard Diaz nous annoncent la fin ?

DON PÉDRO.

Ses plans ont échoué. L'ouragan africain
A brisé ses vaisseaux contre une île déserte.

INÈS, vivement.

Et lui-même a péri ?

DON PÉDRO.

Son sort est incertain.

INÈS, tremblante.

Et Vasco de Gama, son compagnon fidèle,
A-t-il pu se soustraire à cette mort cruelle ?

DON PÉDRO, avec dédain.

Gama ? Qui prend souci de pareils inconnus ?
Pourtant parmi les morts

(Lui donnant le rapport)

regardez.

INÈS jette un coup d'œil sur le papier.

Il n'est plus !

Terzettino.

INÈS.

Loin de ta patrie,
Quand tu perds la vie,
Ta mort d'une amie
Fait couler les pleurs !
Amours de l'enfance,
Si chers à nos cœurs,
Rêves d'espérance,
Avec vous je meurs !

DON DIÉGO, bas à Inès.

Ou par devoir ou par prudence,
Cachez ce trouble et ces douleurs.

(Montrant don Pédro.)

Craignez surtout qu'il ne s'offense
De voir ainsi couler vos pleurs.

DON PÉDRO, à part.

D'où vient ce trouble qui m'offense?
En montrant de telles douleurs
Elle éveille ma défiance,
Et je suis blessé de ces pleurs !

(Inès sort.)

DON PÉDRO.

La nouvelle qu'on nous apporte
Peut-elle donc ainsi troubler ses sens émus?
Croirais-je qu'un regret, qu'un souvenir?...

DON DIÉGO.

Qu'importe?
Craint-on le souvenir d'un rival qui n'est plus?

(Des huissiers annoncent l'arrivée des membres du conseil.)

SCÈNE III.

DON DIÉGO, DON PÉDRO, LE GRAND INQUISITEUR, LES
Evêques, DON ALVAR ET LES AUTRES Conseillers.

(Don Pédro monte au fauteuil du président; don Diégo s'assied près
de lui; les autres Conseillers forment un demi-cercle. Le grand
Inquisiteur est à droite et don Alvar à gauche.)

LE GRAND INQUISITEUR ET LES ÉVÊQUES.

Toi que le monde révère,
Seigneur, viens nous inspirer !
Que ta céleste lumière
Brille pour nous éclairer !
O mon Dieu, sois notre guide
Au sein de l'obscurité !
C'est en toi seul que réside
La force et la vérité.

DON PÉDRO, se levant.

Depuis qu'aux Espagnols, nos éternels rivaux,
Colomb ouvrit un monde et des trésors nouveaux,
Par une audacieuse et riche découverte
Le noble Emmanuel, notre maître et seigneur,
Veut signaler son règne.

LE GRAND INQUISITEUR, avec humeur.

Ou courir à sa perte!

DON PÉDRO.

Déjà le Portugais, hardi navigateur,
D'une route nouvelle osant tenter la chance,
Où grondait la tempête a placé l'espérance.

LE GRAND INQUISITEUR.

Vain et fatal espoir!... on s'est trop tôt flatté
De franchir les écueils de ce cap redouté;
Le bruit court que Diaz, par les flots en furie,
A vu sur ces rochers son escadre engloutie.

DON PÉDRO.

Pour lui porter secours et connaître son sort
Le roi nous réunit... Quel avis est le vôtre?

DON ALVAR, se levant.

Un seul!... on n'en peut donner d'autre:
Pour Diaz prions... Dieu l'a frappé de mort!

DON PÉDRO ET LES AUTRES CONSEILLERS
Qui l'a dit?

DON ALVAR.

Un marin du nombreux équipage,
Échappé presque seul à la mer en courroux,
Qui, pour vous annoncer ce funeste naufrage,
Sollicite l'honneur d'être admis devant vous.

DON PÉDRO, aux huissiers.

Qu'il entre !
(Deux huissiers sortent par la porte du fond. Don Pédro à don Alvar.)
  Quel est-il?

DON ALVAR.

  Ardent, audacieux...

DON PÉDRO.

Son nom?

DON ALVAR.

Vasco de Gama.
  DON PÉDRO et DON DIÉGO, à part.
      Lui ! grands dieux !

SCÈNE IV.

LES PRÉCÉDENTS, VASCO DE GAMA.

(Vasco salue avec respect les membres du conseil ; don Pédro lui fait
  signe de parler, et don Alvar l'encourage des yeux et de la main.)

VASCO DE GAMA.

J'ai vu, nobles seigneurs, rouler dans les abîmes
Notre chef, nos soldats... cœurs vaillants et sublimes !...
Frémissant de colère, au moment de mourir,
D'apercevoir de loin, sans l'avoir pu franchir,
Ce géant de la mer, ce cap de la Tempête,
Du pied touchant le gouffre et le ciel de sa tête.
J'ai gravi ces rochers et ce sol ignoré
Où nul Européen encor n'a pénétré.
Que de fois ces déserts et ces rives sauvages,
Ces récifs dangereux et ces nouvelles plages...

DON ALVAR,

Par vous, pauvre exilé, furent, hélas ! maudits !

VASCO, avec exaltation.

Non, non ; mais explorés, et qui seront conquis
    Par nous... j'en crois Dieu qui m'inspire.

(Remettant un mémoire à don Pédro.)

Que cet écrit, seigneurs, par vous soit consulté ;
Que le roi, grâce à vous, me confie un navire,
Et bientôt, franchissant cet écueil redouté,
Du commerce et des mers je vous promets l'empire.
A vous nouveaux climats, trésors, prospérité !...

L'INQUISITEUR, avec ironie.

Et... votre part ?

VASCO.

A moi ?... c'est l'immortalité !

ENSEMBLE :

DON ALVAR et les jeunes conseillers.

C'est l'assurance du génie !
Elle présage le succès.
Dans l'intérêt de la patrie,
Il faut accueillir ses projets.

DON PÉDRO et DON DIÉGO

Tant de confiance est folie !
Lui seul peut croire à son succès.
Ce serait trahir la patrie
Que d'accueillir de tels projets.

VASCO.

Croyez-moi, je vous en supplie.
Oui, je vous réponds du succès.
Dans l'intérêt de la patrie,
Daignez accueillir mes projets.

(Don Pédro fait signe à Vasco de se retirer pendant la délibération du
conseil.)

VASCO.

Encore un mot, seigneurs, avant qu'on délibère :
Je demande un vaisseau. Sans être téméraire,
Je réponds du succès au roi comme à vous tous.
Deux esclaves, qui sont d'une race inconnue,
Sur le marché des noirs, avaient frappé ma vue,
En Afrique. Ils sont là.

LE GRAND INQUISITEUR.

Eh bien ! que voulez-vous ?

VASCO.

De peuples ignorés ils prouvent l'existence.
Sous le soleil d'Afrique ils n'ont pas pris naissance,
Ni dans ce nouveau monde aux Espagnols soumis.
Voyez-les !

DON PÉDRO.

Devant nous, que tous deux soient admis.

(Un huissier, sur un signe de don Pédro, fait entrer Sélika et Nélusko.)

SCÈNE V.

LES PRÉCÉDENTS, SÉLIKA, NÉLUSKO.

DON PÉDRO, à Sélika et à Nélusko.

Esclaves, approchez.

DON DIÉGO, à Nélusko.

Parle avec confiance.

DON PÉDRO.

De ton pays, dis-nous quel est le nom.

(Nélusko secoue la tête d'un air farouche, Sélika se détourne avec
fierté.)

DON DIÉGO, à Nélusko.

D'où vient donc ce silence ?

DON PÉDRO.

Tu ne nous réponds pas ?

NÉLUSKO.

Non... non.

DON PÉDRO, à Sélika.

Femme, à toi de répondre.

SÉLIKA.

On nous prit sur les mers :
Notre canot, longtemps assailli par l'orage,
Flottait perdu, bien loin de l'île aux palmiers verts...

VASCO.

De grâce ! regardez :

(Montrant Nélusko.)

Les traits de ce visage,
Ces vêtements, ce teint cuivré,
Décèlent un peuple ignoré.

ALVAR.

C'est vrai !

(Tous font un signe d'assentiment.)

DON DIÉGO, d'un ton impérieux.

Nommez votre patrie.

VASCO.

Parle donc, Sélika ! c'est Vasco qui t'en prie.

SÉLIKA.

Je cède à sa voix qui supplie.
Vous le voulez ?... eh bien !...

NÉLUSKO, bas à Sélika.

Tais-toi.
Reine, de tes serments tu dois garder la foi.

Esclave d'un tyran dont tu portes la chaine,
Pour être dans les fers, n'es-tu plus souveraine ?
Par les dieux que notre ile adore, par Brahma,
Ne trahis pas ton peuple, ô reine Sélika !

DON PÉDRO.

Ta patrie, entends-tu ? Femme, je parle en maître ;
Il faut enfin nous la faire connaitre.

SÉLIKA.

Ordres superflus !
A toi de la nommer ! moi, je n'en connais plus :
L'esclave n'en a pas.

NÉLUSKO, avec une rage contenue.

Lorsque vous marchandez
Un bœuf pour le labeur, pourvu qu'il ait la taille,
Que rudement chaque jour il travaille,
C'est tout ce que vous demandez.
Que vous importe donc d'où peut venir un homme,
Qui n'est pour vous qu'une bête de somme ?

DON PÉDRO.

Quel orgueil indomptable !

VASCO.

Inutiles efforts !
Ils ne parleront pas... Cependant tout dévoile
Qu'ils viennent de plus loin que l'Afrique, et des bords
Où jamais l'Océan n'a porté notre voile.
Ces pays inconnus, je les veux découvrir ;
Donnez-moi les moyens de vous les conquérir.

DON PÉDRO.

C'est bien. Retirez-vous.

(Vasco sort avec Sélika et Nélusko.)

SCÈNE VI.

LES MÊMES, excepté Vasco.

DON ALVAR, vivement.
    Secondons sa vaillance!

DON DIÉGO.
Déplorons sa démence!

DON ALVAR.
C'est un brave officier!

L'INQUISITEUR.
     Privé de sa raison!

DON ALVAR.
Qui ne voit que la gloire!

DON DIÉGO.
    Ou son ambition!

L'INQUISITEUR.
Qu'avec sang-froid, seigneurs, on délibère.

DON ALVAR.
Soit! parcourons d'abord ces cártes, ces dessins,
Ces documents par lui remis entre vos mains.

DON PÉDRO, parcourant les papiers que lui a remis Vasco.
Lisons... (A part.) O ciel! quelle lumière
Soudain brille dans l'ombre et peut guider nos pas!

DON DIÉGO.
Confier nos vaisseaux, nos trésors, nos soldats,
A ce présomptueux que rien n'a fait connaître!...

UNE PARTIE DES CONSEILLERS, avec pitié.

Un insensé, sans doute!

DON ALVAR, avec chaleur.

Un grand homme peut-être!

L'INQUISITEUR.

On ne peut écouter un impie.

DON ALVAR.

Un impie!
Parce qu'un nouveau monde à lui s'est révélé!

L'INQUISITEUR.

Soutenir qu'il existe est flagrante hérésie,
Car en nos livres saints il n'en est pas parlé!

DON ALVAR.

Et Christophe Colomb, qui brava l'anathème!...

L'INQUISITEUR.

Et vous, jeune insensé, vous blasphémez vous-même!

DON ALVAR.

Moi, je sers mon pays!

L'INQUISITEUR.

Et vous offensez Dieu!
Et quant à ces écrits, qu'ils soient livrés au feu.

TOUS.

Oui! oui! — Non! non! — Qu'osez-vous dire?
Écoutez-nous! — C'est du délire!

ENSEMBLE :

DON PÉDRO, L'INQUISITEUR, DON DIÉGO et LES VIEUX CONSEILLERS.

C'est un outrage, une insulte!
Pourquoi ces cris, ce tumulte?
Chacun ici ne consulte
Que l'honneur et le devoir.

Écoutez! faites silence!
Et pour notre expérience
Ayez de la déférence!
Avec l'âge est le savoir.

DON ALVAR et LES JEUNES CONSEILLERS.

C'est un outrage, une insulte!
De ces cris, de ce tumulte
Je me ris et ne consulte
Que l'honneur et le devoir.
De quel droit l'expérience
Veut-elle imposer silence?
C'est par trop d'intolérance;
L'âge n'est pas le savoir.

(Tous ensemble se levant.)

Aux voix! aux voix!
Et de l'honneur n'écoutons que les lois!

L'INQUISITEUR ET LES ÉVÊQUES.

Toi que le monde révère,
Seigneur, viens nous inspirer!
Que ta céleste lumière
Brille pour nous éclairer!
O mon Dieu, sois notre guide
Au sein de l'obscurité!
C'est en toi seul que réside
La force et la vérité!

(Quand les votes sont recueillis, on fait rentrer Vasco.)

SCÈNE VII.

LES MÊMES, VASCO.

DON PÉDRO, à Vasco.

-Le conseil souverain, qui pour le roi commande,
Au nom des intérêts entre ses mains placés,

A repoussé votre demande
Et vos projets, comme insensés.

VASCO, avec indignation.

Insensés!... dites-vous. C'est ainsi que naguère,
Par son propre pays, comme moi repoussé,
Cet immortel Génois, qu'aujourd'hui l'on révère,
Par les sages d'alors fut traité d'insensé!

DON PÉDRO.

Silence, téméraire !

VASCO, hors de lui.

Oh! non!... je parlerai.
Je vous juge à mon tour, et je vous flétrirai !...
Si la gloire de la patrie,
Par vous est lâchement trahie,
Tribunal aveugle et jaloux,
La honte un jour retombera sur vous!

TOUS, se levant excepté don Alvar.

Il faut punir !...

DON ALVAR.

Non pas! indulgence et pardon !

L'INQUISITEUR.

Pour un pareil outrage, éternelle prison!
De son orgueil juste salaire.

VASCO.

Oui! vous avez raison, devenez mes bourreaux.
Vous qui redoutez la lumière,
Enfermez-la dans les cachots,
De peur que, malgré vous, elle ne vous éclaire!

ENSEMBLE :

CHŒUR.

Impie et mécréant,
Et rebelle insolent!

De nous son sort dépend!
Qu'on l'arrête à l'instant;
Et que, dans son courroux,
Le ciel venge, par nous,
La majesté des lois,
La justice et nos droits!

VASCO.

D'impie et de rebelle,
En vain, je suis traité;
D'avance, j'en appelle
A la postérité,
Pour confondre l'envie
Et sa vaine fureur,
J'ai pour moi la patrie
Et l'avenir vengeur!

DON ALVAR.

D'impie et de rebelle,
En vain il est traité.
Pour Vasco, j'en appelle
A la postérité.
Pour confondre l'envie
Et sa vaine fureur,
J'invoque la patrie
Et l'avenir vengeur!

L'INQUISITEUR, à Vasco.

Par ma voix, Dieu lui-même,
Plein d'un juste courroux,
Prononce l'anathème!...
Anathème sur vous!

CHŒUR.

Anathème sur vous!

ACTE DEUXIÈME.

Un cachot de l'Inquisition à Lisbonne. Au fond, à gauche, un banc.
Au milieu du cachot un pilier massif; sur ce pilier une carte géographique.

SCÈNE I.

VASCO DE GAMA, dormant étendu sur le banc, SÉLIKA.

SÉLIKA, regardant Vasco.

Toujours son sommeil agité
Par des rêves de gloire et d'immortalité!
Depuis un mois entier dans ces sombres cachots,
Personne, excepté moi, ne pense à toi, mon maître.
A toi... qui ne vois pas mon trouble et mes sanglots...
Et qui n'aurais pour eux que du mépris peut-être!

VASCO, rêvant.

O ma patrie!

SÉLIKA.

Il pense à son pays...
Et le mien! (Regardant Vasco.) pour lui, je l'oublie.

VASCO, de même.

O ma douce compagne!

SÉLIKA, avec émotion.

Écoutons... je frémis!

2

VASCO, de même.

Inès, ma seule amie!

SÉLIKA.

Inès!... Qu'ai-je entendu? L'amour que je ressens,
Pour une autre il l'éprouve!... O douleur!

VASCO, toujours rêvant.

Quels tourments!

SÉLIKA.

Il gémit! Malgré moi vers lui mon cœur s'élance.
De sa souffrance
Je me sens mourir.
Puisse le calme revenir
Dans ton cœur agité, toi qui, voyant mes larmes,
Pour m'acheter, vendis tout, jusques à tes armes!...
Que les doux refrains
De nos bords lointains
Bercent tes chagrins!

Air du Sommeil.

Sur mes genoux, fils du soleil,
Enfant, dors sans alarmes;
Le frais lotus, d'un doux sommeil
Sur toi verse les charmes.
Le ramier frémit;
La brise gémit;
L'étoile scintille dans l'ombre;
Le Bengali dit
Son chant dans la nuit.
Sommeille en paix dans le bois sombre...
Sur mes genoux, fils du soleil,
Enfant, dors sans alarmes;

Le frais lotus, d'un doux sommeil
  Sur toi verse les charmes.

(Regardant Vasco.)

  Quel doux sommeil!
Mon cœur faiblit... Ah! que mes pleurs
  Ne trahissent pas mes douleurs!
Que n'ai-je été par les flots engloutie,
  Quand la tempête m'entraîna!
  Il n'eût pas torturé ma vie,
  Le maître étranger qui dort là!
    Eteins, Brahma,
  Les flammes de mon cœur
Qui font, hélas! mes maux... et mon bonheur!

VASCO, rêvant.

L'orage approche, compagnons!...

SÉLIKA.

Il s'éveille... vite chantons:
Sur mes genoux, fils du soleil,
  Dors, dors sous la verdure...
Pour mieux bercer ton doux sommeil
  Ma voix tout bas murmure...
  Il dort plus calme... hélas!
Mes pleurs, ne le réveillez pas.
O remords! je regrette à peine,
Auprès de toi, mon beau pays,
Et mon palais de souveraine,
Et tous mes dieux que j'ai trahis!
   Hélas, je t'aime!
   Et malgré moi,
   Mon bien suprême,
   Vasco, c'est toi!

(Elle penche sa tête vers lui, et ses lèvres vont effleurer son front, quand elle aperçoit Nélusko entrant par la droite; elle se relève et se cache derrière le pilier.)

SCÈNE II.

NÉLUSKO, à droite; VASCO, endormi; SÉLIKA, cachée.

NÉLUSKO, entrant en rêvant et les yeux baissés.

Pour l'honneur de notre souveraine,
Il le faut ! — il le faut, pour elle et pour ma haine !
Il est là.
(Regardant.)
　　Mais que vois-je?... il sommeille... (Hésitant.) Ah !
　　　　　　　　　　　　　　　　　　　[j'ai tort :
Mais je ne puis frapper un ennemi qui dort...
　　N'importe !

SÉLIKA, se jetant au-devant de Nélusko.

　　　　　O ciel ! que veux-tu faire ?
C'est un prisonnier comme nous ;
C'est un compagnon de misère !

NÉLUSKO.

C'est un chrétien, je les déteste tous.

SÉLIKA.

Il fut notre sauveur, il est là sans défense.

NÉLUSKO.

Nous lui fûmes vendus... Voilà tous ses bienfaits,
A prix d'or, au marché !... pour l'acheteur jamais
　　L'objet vendu n'eut de reconnaissance.

SÉLIKA.

　　　C'est vrai... Mais, touché de mes pleurs,
Lorsque je le priai, les yeux baignés de larmes,
De ne pas séparer, du moins dans leur malheurs,
Ceux qu'avaient réunis tant de jours de douleurs,

Il vendit pour m'avoir ses bijoux et ses armes.
C'est à lui que je dois, dans notre triste sort,
De retrouver encor la patrie adorée ;
Sans lui de Nélusko ta reine séparée
      Serait plus malheureuse encor !
Et toi, noble guerrier, souillant tes mains d'un crime,
Tu veux assassiner ce maître magnanime !...
   Il fut pour nous humain et généreux,
      Tu dois le reconnaître.

NÉLUSKO.

   Cela se peut... mais c'est un maître !

SÉLIKA, avec intention.

   Quoi ! pas d'autres motifs ?...

NÉLUSKO.

                     Peut-être.

SÉLIKA, avec dignité.

   Achève... je le veux !

NÉLUSKO.

Air

   Fille des rois, à toi l'hommage
   Que te doit ma fidélité ;
   Ni le malheur, ni l'esclavage,
   N'ôtent rien à ta majesté.
Je vois, sous d'autres cieux, en nos jours fortunés,
Ces prêtres, ces guerriers, devant toi prosternés.
Ah ! le front qui devait porter le diadème
Ne peut plus se courber que devant Dieu lui-même !
   Et, lorsqu'en cette prison,

(Montrant Vasco.)

Auprès de ce tyran...

SÉLIKA.

Eh bien, encor !

2.

NÉLUSKO, rencontrant un regard irrité de Sélika.

Pardon!

Fille des rois, à toi l'hommage
Que te doit ma fidélité;
Ni le malheur ni l'esclavage
N'ôtent rien à ta majesté.

(Montrant Vasco.)

Mais pour lui, pour ce chrétien,
    Reine, songes-y bien...
        Quand l'amour m'entraine,
        Ou bien quand la haine,
        Ardente et soudaine,
        Me tient en éveil,
        En mes sens fermente
        Flamme dévorante,
        Qui, chez nous, s'augmente
        Aux feux du soleil!

(A demi-voix.)

Il existe un secret que j'ai cru découvrir,
    Et, ma crainte fût-elle vaine,
Je l'ai juré... (Montrant Vasco.) celui-ci doit périr,
    Pour l'honneur de ma souveraine!
        Quand l'amour m'entraine,
        Ou bien quand la haine,
        Ardente et soudaine,
        Me tient en éveil,
        En mes sens fermente
        Flamme dévorante,
        Qui, chez nous, s'augmente
        Aux feux du soleil!
    Redoutant ma colère,
    Qu'il tremble pour son sort!

(Regardant Sélika qui le prie à mains jointes.)

Car pour lui ta prière

Est un arrêt de mort.

(S'avançant vers Vasco pour le frapper.)

A lui la mort !

SÉLIKA, voyant que son bras est trop faible pour retenir Nélusko,
s'élance vers Vasco en s'écriant :

Maître, réveille-toi.

(Nélusko s'arrête et cache son poignard.)

VASCO, se réveillant.

Qu'est-ce donc ?

SÉLIKA, montrant la table.

Ton repas

Que t'apportait ton esclave fidèle.

VASCO, à Nélusko.

Laisse-nous.

(Voyant qu'il reste immobile.)

N'entends-tu pas ?

NÉLUSKO sort lentement en jetant un dernier regard sur Sélika.

Dieux puissants !... vous souffrez qu'il soit servi par elle !

SCÈNE III.

VASCO, SÉLIKA.

VASCO, brusquement.

Pourquoi me réveiller ?

SÉLIKA.

Je voulais vous servir.

VASCO, à part.

Quand je voyais briller

Ces pays inconnus...

SÉLIKA, timidement,

Le maître veut-il boire?

VASCO, brusquement.

Non.

(A part.)

Lorsque j'entendais au loin ces cris de gloire :
A Vasco de Gama, gloire!... à lui l'univers!...
Vainqueur!... libre!...

(Regardant autour de lui.)

Et soudain s'éveiller dans les fers !

Duo.

Vainement leur aveugle rage
M'enchaîne en ces lieux ténébreux ;
Je veux, brisant mon esclavage,
Revoir Inès, revoir les cieux !

(Il retombe dans sa rêverie et contemple sur le pilier la carte géographique où sont tracées les côtes de l'Afrique depuis le détroit de Gibraltar jusqu'au cap de Bonne-Espérance.)

SÉLIKA.

Venez soutenir mon courage,
Dieux protecteurs de mes aïeux!
Chassez de mon cœur son image
Et cachez mon trouble à ses yeux.

VASCO, regardant toujours la carte.

Terrible et fatal promontoire,
Que nul n'a pu doubler encor,
De te franchir j'aurai la gloire !

(Indiquant la gauche.)

De ce côté...

SÉLIKA, qui s'est approchée et qui regarde derrière son épaule.

Non pas!... c'est courir à la mort.

VASCO, étonné.

Que dis-tu?

SÉLIKA.

Mais par là... sur la droite... est une île,
Une île immense...

VASCO.

O ciel!

SÉLIKA.

Pays aimé des dieux!

VASCO.

Achève.

SÉLIKA.

C'est de là que mon canot fragile,
Surpris par le typhon sur une mer tranquille,
Longtemps battu par les flots furieux,
Fut enfin entraîné sur le sol d'esclavage...

VASCO, vivement.

Je l'avais dit... oui, voilà le passage.
Grâce à toi, j'en suis sûr!... le ciel comble mes vœux.

ENSEMBLE.

VASCO, pressant Sélika dans ses bras.

Combien tu m'es chère,
Ange tutélaire,
Par qui la lumière
Enfin m'arriva!
O service immense,
Que, dans sa constance,
Ma reconnaissance
Jamais n'oubliera!

SÉLIKA, tout émue des transports que lui témoigne Vasco.

Quoi! je lui suis chère!
O douce chimère,
Qui, dans ma misère,
Longtemps m'abusa!
Sa reconnaissance
M'enivre et, d'avance,
D'amour... d'espérance
Mon cœur bat déjà!

VASCO, avec chaleur.

Auprès de moi tu resteras toujours...

SÉLIKA,

Hé quoi! toujours?

VASCO,

Et nous verrons tous deux de meilleurs jours.

SÉLIKA.

De meilleurs jours!

VASCO.

Et ce pays, tu le connais donc bien?

SÉLIKA.

Mais c'est le mien.

VASCO.

Climats nouveaux?... et des peuples nombreux?

SÉLIKA.

Peuples heureux.

VASCO.

Et puis, là-bas, en remontant le bord?...

SÉLIKA.

D'autres encor.

VASCO.

D'autres pays? d'autres peuples encor?

SÉLIKA.

Encor!

VASCO.

Encor! encor!

ENSEMBLE.

VASCO,

Combien tu m'es chère,
Ange tutélaire,
Par qui la lumière
Enfin m'arriva!
O service immense,
Que, dans sa constance,
Ma reconnaissance
Jamais n'oubliera!.

SÉLIKA,

Quoi! je lui suis chère!
O destin prospère,
Qu'hélas ma misère
Longtemps implora!
Sa reconnaissance
M'enivre et, d'avance,
D'amour... d'espérance
Mon cœur bat déjà!

(Pendant la fin de l'ensemble, la porte du cachot s'est ouverte, don
Pédro et Inès sont entrés au moment où Vasco tient Sélika dans ses
bras.)

SCÈNE IV.

LES MÊMES, DON PÉDRO, INÈS et NÉLUSKO.

DON PÉDRO, à Inès, lui montrant Vasco et Sélika.

On nous l'avait bien dit... et le hasard propice
Vous en donne la preuve.

VASCO, hors de lui.

En croirai-je mes yeux ?
Inès, ma bien-aimée !...

SÉLIKA, poussant un cri de douleur.

Elle !... Inès !...
(Traversant le théâtre et s'avançant vers elle d'un air menaçant.)
Dans ces lieux !
(Vasco l'arrêtant lui fait signe de se taire. Sélika regarde Inès avec
un sentiment d'envie, et dit à part en regardant ses mains à elle-
même).

Qu'elle est blanche !... et quel froid dans mes veines se
[glisse.

INÈS, avec émotion.

J'avais appris que, pour toujours,
   Dans ces cachots funèbres,
Vasco, vous traineriez vos jours,
   Plongé dans les ténèbres...
Le roi, par nous sollicité,
Vous accorde la liberté.

VASCO.

La liberté!
Bonheur suprême!

INÈS, regardant don Pédro.

De plus... j'avais voulu... vous l'annoncer mol-même.

(Lui remettant un parchemin revêtu du sceau royal.)

L'ordre est formel!... adieu!

(Prenant la main de don Pédro.)

Sortons.

VASCO, s'élançant pour la retenir.

Non! non! J'ai deviné, j'ai compris vos soupçons.

(Montrant Sélika.)

Cette esclave...

INÈS.

Par vous en Afrique achetée.

VASCO, vivement.

Ne m'est rien qu'une esclave... et votre âme irritée
D'un seul mot s'apaisera.
Elle est à vous, Inès.

SÉLIKA, avec indignation.

O ciel!

VASCO.

Je vous la cède,

Je vous la donne.

NÉLUSKO, vivement.

Et moi?

3

VASCO.

Toi de même, suis-la.

(A part.)

Ah ! tout ce que je possède,
Pour un seul regard de ses yeux !

SÉLIKA, à part.

L'ingrat !

INÈS, de même.

Le malheureux !

ENSEMBLE :

VASCO.

Pour moi plus de misère !
Un regard de ses yeux
Fait oublier la terre,
Et me transporte aux cieux !

DON PÉDRO.

Bien qu'un destin prospère
Ait comblé tous mes vœux,
Je ne puis, sans colère,
Voir leurs derniers adieux.

INÈS.

Ah ! le destin contraire
Vient de briser nos nœuds !
Je n'ose, en ma misère,
Sur lui lever les yeux.

NÉLUSKO.

Ah ! le destin prospère

Vient de briser leurs nœuds !

(A Sélika.)

Sois courageuse et fière.
Allons, quittons ces lieux.

SÉLIKA.

Insultant ma misère,
Il me vend en ces lieux.
Ah ! cachons ma colère
Et ma honte à ses yeux.

DON PÉDRO.

Eh bien, nous acceptons.

(Montrant Sélika et Nélusko.)

Tous deux, je vous les paye...

(A Inès.)

Et maintenant partons.

VASCO, étonné.

Que dites-vous ?

DON PÉDRO.

Du roi, la bonté paternelle
Confie à mes talents, ou du moins à mon zèle
La gloire de tenter ce passage hardi
Où plus d'un fol orgueil échoua jusqu'ici.

VASCO, avec indignation.

Vous ! à qui j'ai remis, d'une main insensée,
Le fruit de mes périls, mes labeurs, ma pensée !

DON PÉDRO.

Vains projets... dans la flamme et dans l'oubli tombés.

VASCO.

Gloire qui m'appartient et que vous dérobez !...

NÉLUSKO, bas à don Pédro.

Tu l'obtiendras par moi...

(Montrant Sélika.)

                       Conduis-nous sur ta flotte,
Et je te servirai de guide et de pilote.

DON PÉDRO, le regardant et à demi-voix.

J'y comptais bien en t'achetant.

(A haute voix.)

                            Le roi
Des régions découvertes par moi
M'a nommé gouverneur.

NÉLUSKO, à part avec ironie.

D'avance !

DON PÉDRO.

                         Aujourd'hui même.
Mon escadre appareille. (A Inès.) Allons, sortons d'ici ;
Votre main.

VASCO.

De quel droit?

DON PÉDRO.

                           De celui
Que j'ai reçu du ciel. Par un serment suprême,
Devant l'autel, son sort au mien vient d'être uni.

ACTE DEUXIÈME

VASCO, regardant Inès.

Sa femme!... Dieu!

INÈS, à demi-voix à Vasco.

Pour vous qu'on disait infidèle,
Et pour vous soustraire aux horreurs
De cette prison éternelle,
Ma main je l'ai donnée... et loin de vous... je meurs!

ENSEMBLE :

VASCO.

O trop cruelle surprise !
Puis-je croire qu'elle brise
Nos serments, la foi promise,
Et trahisse ainsi l'honneur!
Et pourtant... il le proclame,
Il l'a dit... elle est sa femme.
Quelle trahison infàme!
Ah! malheur!... sur moi malheur!

DON PÉDRO, regardant Vasco

Rien n'égale sa surprise,
De douleur son cœur se brise.
Moi, le sort me favorise
Et me comble de bonheur!
C'en est fait, elle est ma femme.
Un rival en vain réclame;
Je me ris, au fond de l'âme,
D'une impuissante fureur.

INÈS, regardant Vasco.

Immobile... de surprise,
De douleur son cœur se brise.
J'ai trahi la foi promise;
Plus d'espoir, plus de bonheur!

(Regardant don Pédro.)

Mais l'honneur parle et réclame,
C'en est fait, je suis sa femme,
Et cette coupable flamme
Doit s'éteindre dans mon cœur.

SÉLIKA.

Immobile de surprise,
De regret son cœur se brise;
Et l'ingrat, qui me méprise,
Ne saurait voir ma douleur.
En vain mon orgueil réclame,
Je sens, au fond de mon âme,
La colère qui m'enflamme
Tomber devant son malheur.

NÉLUSKO.

Ah! Brahma me favorise.
Ce Vasco, son cœur se brise;
Sa fureur que je méprise
Vient redoubler mon bonheur.
Dieux, qui remplissez mon âme
De la haine qui m'enflamme,
Livrez cette race infâme
Aux coups de mon bras vengeur!

INÈS, à Vasco.

Sois libre, et reçois mes adieux!
La gloire au loin t'appelle;

Elle te sera plus fidèle...
Reviens moins malheureux.
Que le destin qui nous opprime
Ne prenne que moi pour victime !
Toi, toujours à l'honneur soumis,
Aux bords nouveaux par toi conquis
Deviens l'honneur de ton pays !

(Don Pédro emmène Inès. Vasco tombe anéanti sur un siége. Sélika
veut s'élancer vers lui ; mais Nélusko la retient et l'entraîne sur
les pas de don Pédro. Elle jette en s'éloignant un dernier regard
de douleur et d'amour sur Vasco.)

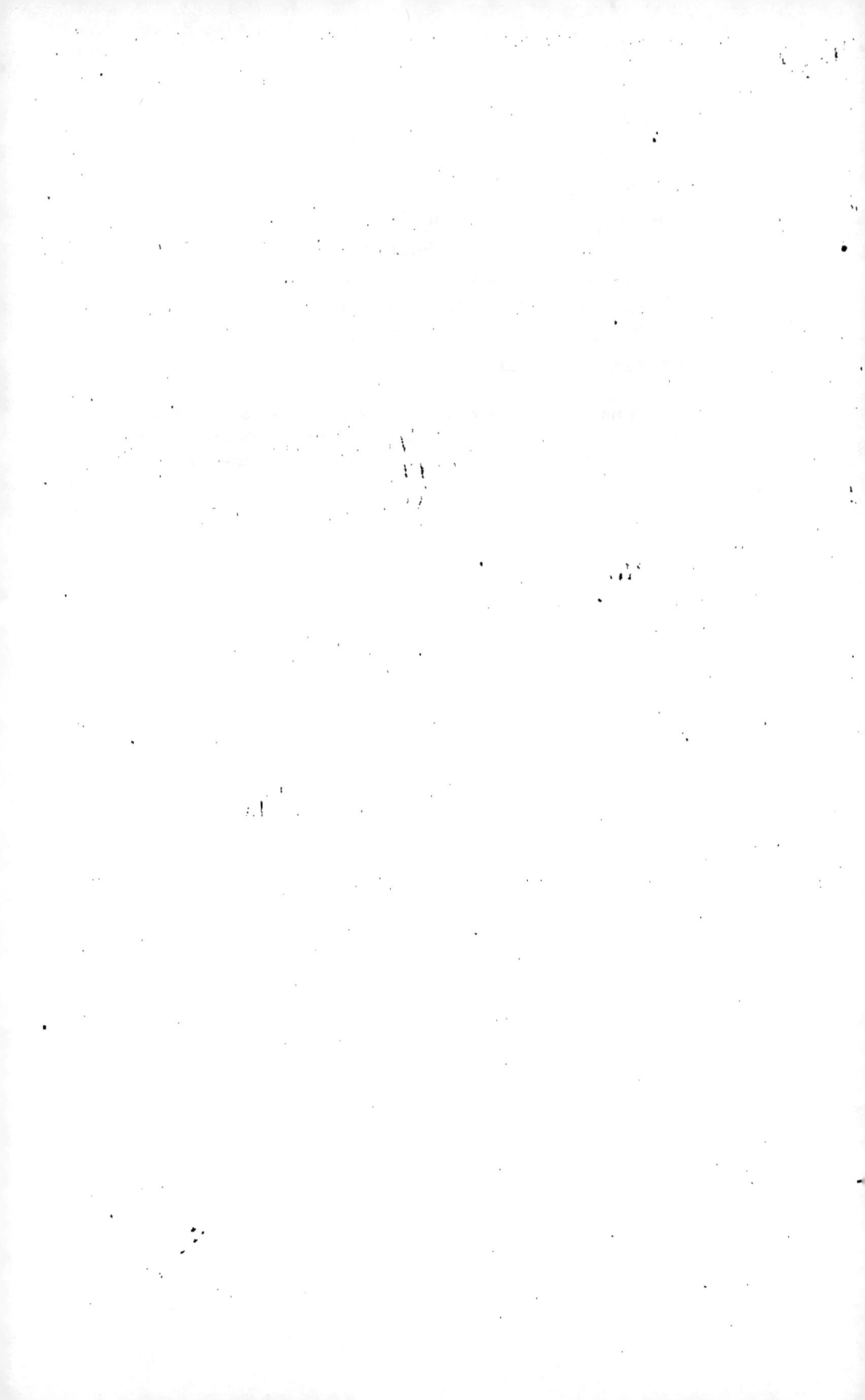

ACTE III.

Le Théâtre représente la coupe d'un vaisseau dans sa largeur. Elle offre aux yeux des spectateurs le premier pont et l'intérieur du second. Sur le premier pont s'élèvent les mâts et au fond la dunette derrière laquelle on aperçoit la mer. Le second pont, éclairé par une lampe, est partagé en deux compartiments, dont l'un est la chambre d'Inès, l'autre celle de l'Amiral.

SCÈNE I.

NÉLUSKO et PLUSIEURS MATELOTS, couchés sur le tillac qu'éclairent les premiers rayons du soleil levant. INÈS, étendue sur un hamac dans la chambre à gauche ; elle est entourée de ses femmes, dont SÉLIKA fait partie. Dans la chambre du côté droit, DON PÉDRO assis près d'une table couverte d'instruments de marine et de cartes qu'il consulte.

SÉLIKA et LE CHŒUR DES FEMMES.

Le rapide et léger navire
Glisse sur les flots caressants ;
L'air du matin que l'on respire
Porte le calme dans nos sens.

DON PÉDRO.

Sur la marche de mon navire
Veillons avec des soins constants :
Au but il me faut le conduire,
Malgré la tempête et les vents.

3.

CHŒUR DES FEMMES.

Le rapide et léger navire
Glisse sur les flots caressants ;
L'air du matin que l'on respire
Porte le calme dans nos sens.

(Coup de canon qui annonce l'heure du réveil à bord. Tous les matelots
se lèvent.)

CHŒUR DES MATELOTS.

Voyez-vous l'aurore
Qui déjà colore
La cime des flots.
Debout, l'équipage !
Allons, à l'ouvrage !
Debout, matelots !

(Le soleil est levé. On sonne la cloche pour la prière du matin. Tout
le monde se met à genoux : les matelots et les officiers, sur le premier pont ; Inès et ses femmes dans le second.)

CHŒUR DES MATELOTS.

O grand saint Dominique,
Effroi de l'hérétique,
Protége mon retour !
Et je veux, chaque jour,
Redire ton cantique,
O grand saint Dominique !

ENSEMBLE.

SÉLIKA et INÈS.

Céleste providence,
Par ton divin secours,
Viens finir ma souffrance,
En terminant mes jours !

LES FEMMES D'INÈS.

Céleste providence,
Par ton divin secours,
Viens calmer sa souffrance
Et protége ses jours!

LES MATELOTS.

O grand saint Dominique,
Effroi de l'hérétique,
Protége mon retour!
Et je veux, chaque jour,
Redire ton cantique,
O grand saint Dominique!

PLUSIEURS MATELOTS, à Nélusko, d'un ton railleur.

Il est franchi ce cap terrible!
Et les flots qui baignent ce bord
Ne nous offrent qu'un lac paisible...

NÉLUSKO, à part.

Attendez... attendez encor.

D'AUTRES MATELOTS, de même, à Nélusko.

Et le géant de la tempête,
Votre farouche Adamastor,
Ne gronde pas sur notre tête.

NÉLUSKO, à part.

Attendez... attendez encor.

SCÈNE II.

DON PÉDRO.

Ah! c'est vous, don Alvar?

DON ALVAR.

Excusez ma présence.
Mais je veux à votre prudence
Confier mes soupçons.

DON PÉDRO.

Parlez donc.

DON ALVAR.

Amiral,
Ce pilote étranger doit nous être fatal.
En lui je crains de voir un traître.
De trois vaisseaux, par vous commandés, l'un déjà
A sombré... le second sur des rocs se brisa.

DON PÉDRO.

Mais le nôtre, du moins, je dois le reconnaître,
A, grâce à Nélusko, franchi victorieux
Le cap de la Tempête et ses flots furieux.
A lui me confiant, ainsi qu'à mon étoile,
Le premier, sur ces mers, je me suis élancé.

DON ALVAR.

Non. Un autre, de loin, vous avait devancé.
Et l'on peut voir encor d'ici sa blanche voile
S'enfuir en nous traçant la route sur les flots.

DON PÉDRO.

Quel est-il?

DON ALVAR.

De ces mers, disent nos matelots,
C'est l'ange protecteur.

DON PÉDRO.

Ou bien le mauvais ange?

DON ALVAR.

Il faut le suivre.

DON PÉDRO.

Il faut l'éviter.

NÉLUSKO.

Le vent change.
Aux voiles!... Hâtez-vous ! voyez à l'horizon
Les signes précurseurs du terrible typhon.
Au nord!... tournez au nord!... ou, sinon, le trépas !

(Pendant ces derniers mots, don Pédro et don Alvar sont montés sur
le premier pont.)

DON ALVAR, à don Pédro, lui montrant Nélusko.

Et vous êtes certain qu'il ne nous trahit pas?

NÉLUSKO, à don Pédro.

Moi! qui vous ai guidés!... moi qui t'ai fait connaître
Les papiers et les plans de Vasco de Gama!

DON PÉDRO.

Il dit vrai.

DON ALVAR, à don Pédro.

Qui trahit ainsi son premier maître
Peut trahir le second. Par ses conseils déjà

Deux vaisseaux ont péri.

NÉLUSKO.

Le géant des tempêtes,
Adamastor, les avait condamnés;
Et bientôt son courroux va fondre sur vos têtes,
Si vous ne changez pas de route et n'inclinez
Vos voiles vers le nord.

DON ALVAR.

Où veux-tu nous conduire?

NÉLUSKO.

Soyez sans crainte.

DON PÉDRO.

Eh bien! dirige le navire.

(Les matelots et les mousses se mettent à la manœuvre. Le vaisseau
vire de bord. Nélusko pousse un cri de triomphe.)

NÉLUSKO, à part.

Je vois au loin l'ouragan qui s'avance.
Nous suivons un chemin qui mène à la vengeance.
Ces parages pour moi ne sont pas inconnus :
Les canots de notre île y sont souvent venus.

NÉLUSKO, chantant.

Tra la la la la la...

LES MATELOTS.

Nélusko, que chantes-tu là?

NÉLUSKO.

Je redis la chanson du géant des tempêtes,
Qui menace vos têtes,
Du terrible Adamastor,
Qui sur vous fait planer la mort.

LES MATELOTS.

La légende d'Adamastor!

NÉLUSKO.

Ballade.

1er COUPLET.

Adamastor, roi des vagues profondes,
Au bruit des vents apparaît sur les ondes.
Et que son pied vous heurte sur les eaux,
Malheur à vous, navire et matelots !
A la lueur des feux et des éclairs,
Le voyez-vous?... c'est le géant des mers.
Soudain l'abime engloutit vos vaisseaux...
Mort à l'impie!... et la mort sous les flots !

(Poussant un éclat de rire strident.)

Ah ! ah !

(Regardant les matelots qui l'entourent.)

Ah ! vous tremblez...

ENSEMBLE.

NÉLUSKO.

Aux voiles ! aux cordages !
Conjurez les orages
Sur nos fronts suspendus,
Ou vous êtes perdus !

CHŒUR DES MATELOTS.

Aux voiles ! aux cordages !
Conjurons les orages
Sur nos fronts suspendus,
Ou nous sommes perdus.

DON PÉDRO, à don Alvar, lui montrant la pleine mer.

Regardez... regardez : n'est-ce pas un prestige ?
Ce vaisseau qui fuyait naguère à l'horizon
Soudain change de route... et vers nous se dirige.

NÉLUSKO, riant,

Pour mieux fuir le danger.

TOUS, montrant Nélusko,

Le pilote a raison.

NÉLUSKO.

2e COUPLET.

Ah! vous bravez, insensés que vous êtes,
Adamastor, le géant des tempêtes.
Adamastor au marin imprudent
Lance un défi, porté par l'ouragan;
A la lueur des feux et des éclairs,
Le voyez-vous?... c'est le géant des mers.
Soudain l'abîme engloutit vos vaisseaux...
Mort à l'impie!... et la mort sous les flots!

(Riant.)

Ah! ah! Ah! vous tremblez...

ENSEMBLE.

NÉLUSKO.

Aux voiles! aux cordages!

Conjurez les orages
Sur vos fronts suspendus,
Ou vous êtes perdus!

CHŒUR.

Aux voiles! aux cordages!
Conjurons les orages
Sur nos fronts suspendus,
Ou nous sommes perdus!

UN MATELOT, du haut de la dunette.

Un navire, portant pavillon portugais,
A détaché vers nous une barque légère;
—Elle avance... elle approche.

NÉLUSKO, à part.

Un avis salutaire
Viendrait-il, juste ciel! renverser mes projets?

SCÈNE III.

LES MÊMES, VASCO DE GAMA.

NÉLUSKO, à part.

Mon ancien maitre ici! quel sort contraire!

DON ALVAR, courant à Vasco et lui serrant la main.

Vasco!... vers ces pays lointains,
En même temps que nous qui vous a pu conduire?

VASCO.

Aidé de mes amis, au prix de tous mes biens,
J'ai frété ce navire...

DON PÉDRO, avec ironie.

Pour nous suivre.

VASCO.

Avant vous Dieu m'a fait arriver.

DON PÉDRO.

C'est donc alors pour nous braver?

VASCO.

Non, seigneur; mais pour vous sauver.
(Don Pédro ordonne à tout le monde de se retirer.)

SCÈNE IV.

VASCO de GAMA, DON PÉDRO.

Duo.

VASCO.

Quel destin, ou plutôt quel aveugle délire,
　　Vous conduit vers l'écueil fatal
Où don Bernard Diaz, mon vaillant amiral,
　　Est venu briser son navire?
　　C'est peu des récifs ennemis,
Vous verrez, contre vous, surgir de ces rivages
D'innombrables canots dont les guerriers sauvages
Viendront de vos vaisseaux vous ravir les débris.

DON PÉDRO, avec ironie.

Vous croyez?...

VASCO.

　　Du péril où le sort vous entraîne
On peut encor se préserver;
Et Portugais, malgré ma haine,
Je viens à vous pour vous sauver.

DON PÉDRO.

(Avec défiance.)

Comment! c'est moi que votre haine
D'un tel danger veut préserver?

VASCO.

Les fils de la même patrie,
Entre eux se doivent secourir.
Hâtez-vous : la mer en furie
Ne vous permettra plus de fuir.

DON PÉDRO, avec ironie.

Est-ce bien pour moi tant de zèle ?
N'est-ce pas pour une autre ?...

VASCO.

Eh bien ! oui, c'est pour celle
Que j'adorais : Inès, que j'ai juré
De sauver... dussé-je avec elle
Arracher à la mort un rival abhorré !

ENSEMBLE:

DON PÉDRO.

Je vois votre perfidie!
C'est au nom de la patrie
Que par vous serait ravie
Une femme à son époux.
N'irritez pas dans mon âme
La colère qui m'enflamme!
Mais mon honneur le réclame,
Je l'ordonne... éloignez-vous.

VASCO.

Une lâche perfidie
Vainement me l'a ravie.
Je lui dois toujours ma vie,

En dépit de son époux,
Si l'amour que j'ai dans l'âme
De colère vous enflamme,
Et si votre honneur réclame,

(Portant la main à son épée.)

Ordonnez... je suis à vous.

DON PÉDRO.

Insensé! ta jeunesse oublie
Que, seul, je règne sur mon bord ;
Et l'imprudent qui me défie
A déjà mérité la mort.

VASCO.

D'un noble Portugais est-ce là le langage?

DON PÉDRO.

Je pourrais te punir par le glaive des lois!

VASCO.

Vous invoquez la loi, quand il faut du courage!

DON PÉDRO.

Tu me braves encore!

VASCO,

Et tu trembles, je crois?

ENSEMBLE :

DON PÉDRO,

Je contiens à peine
Ma rage et ma haine.

Va-t'en ! va-t'en !
J'ai soif de ton sang...
Tremble que ta vie,
En ce jour n'expie
L'outrage et l'affront
Dont rougit mon front !

VASCO.

Je contiens à peine
Ma trop juste haine :
Mon courroux croissant
A soif de son sang...
Ta main ennemie
Doit prendre ma vie
Pour venger l'affront
Dont rougit ton front !
(Tirant son épée.) Défends-toi ! défends-toi !

DON PÉDRO, appelant.

Soldats, à moi !

SCÈNE V.

LES PRÉCÉDENTS, DON ALVAR, NÉLUSKO, MATELOTS et SOL-
DATS, puis INÈS, SÉLIKA et les FEMMES.

(Les matelots et les soldats accourus, à l'appel de don Pédro, se préci-
pitent sur Vasco, qu'ils désarment.)

DON PÉDRO, aux soldats qui retiennent Vasco.

Au grand mât du vaisseau qu'on l'attache ;

Que les balles de vos mousquets
Nous en fassent justice!

VASCO.

Lâche!
C'est aux lois de l'honneur qu'ainsi tu satisfais?

INÈS et SÉLIKA, chacune d'elles à part.

C'est lui! c'est lui!...

DON PÉDRO, aux soldats, leur montrant Vasco.

La mort!

INÈS et SÉLIKA, se jetant à genoux.

Que ma voix vous fléchisse!.

DON PÉDRO.

Soldats, qu'on obéisse!

(Le temps s'est troublé, l'orage a grondé d'abord dans le lointain,
puis s'est approché davantage.)

DON ALVAR, LE CHŒUR.

Aux voiles! aux cordages!
Voici les orages!

(A ce moment, un bruit effroyable se fait entendre. Le vaisseau vient
de donner sur des récifs.)

NÉLUSKO.

Tremblez tous! nous bravons ton orgueil:
Grâce à moi, ton vaisseau vient de toucher l'écueil!

SCÈNE VI.

Une foule d'Indiens s'élancent sur le pont. En un instant don Pédro,
don Alvar, les matelots, qui dans le désordre du naufrage n'ont
pu se mettre en défense, sont désarmés et renversés.)

NÉLUSKO, aux Indiens.

A vous, mes compagnons, à vous nos ennemis!
    Sur ces récifs je vous les ai conduits.

ENSEMBLE.

INÈS et les FEMMES.

Grand Dieu! calmez votre courroux!
Et dans le ciel recevez-nous!

CHOEUR D'INDIENS.

Brahma! Brahma!
Force et courage
Aux enfants de Siva!
Brahma!
Gloire et pillage
Il nous accordera!

Ni paix, ni trève
Aux chrétiens que voilà !
Sous notre glaive
Tout tombera

(Les Indiens reconnaissant Sélika.)

Ah ! Sélika !

(Une partie des Indiens est prosternée aux pieds de Sélika, d'autres ont levé le fer sur don Pédro et les Portugais enchaînés. Ils vont les frapper. Un geste de Sélika les arrête.)

———

ACTE QUATRIÈME.

Le théâtre représente à gauche l'entrée d'un temple d'architecture indienne ; à droite, un palais ; au fond, des monuments somptueux.

SCÈNE I.

SÉLIKA, NÉLUSKO, LE GRAND PRÊTRE DE BRAHMA, BRAHMES MALGACHES ET INDIENS de diverses castes.

MARCHE, CORTÉGE, BALLET.

NÉLUSKO, à Sélika.

Nous jurons par Brahma,
Par Wichnou, par Siva,
Ces dieux dont l'Indoustan révère la puissance,
Nous jurons obéissance
A la fille de nos rois.

CHŒUR.

Nous jurons obéissance
A la fille de nos rois.

NÉLUSKO.

Et Sélika, par nos mains couronnée
Jure, vous l'entendez, le maintien de nos lois !
(Sélika étend la main sur le livre d'or.)
Sur ce livre sacré, dans ce temple autrefois
Déposé par Brahma.

4

SÉLIKA, à part avec inquiétude.

Quelle est ta destinée,

Vasco?

(Regardant tour à tour le grand Prêtre et Nélusko.)

Je tremble... et n'ose interroger.

(Un coup de tam-tam se fait entendre, il est suivi d'un grand cri. Sélika se lève.)

LE GRAND PRÊTRE, à Sélika.

Jamais, tu l'as juré, jamais nul étranger
No souillera de sa présence impie
Le sol sacré de la patrie...

NÉLUSKO.

Reine, le glaive saint vient de les égorger
Tous.

SÉLIKA, cherchant à cacher son émotion.

Ciel!... tous!

UN GUERRIER, bas à Nélusko.

Hors un seul, qu'au fond de leur navire
Ils avaient enchaîné... lui seul encor respire.

NÉLUSKO, à part, avec colère.

Vasco, peut-être!

(Au Guerrier, à voix basse.)

Cours; qu'on l'immole à l'instant.

(Le Guerrier sort.)

LE GRAND PRÊTRE, à Sélika.

Aux autels de nos dieux, la couronne t'attend :
Viens.

(Il entre avec Sélika et les prêtres dans le temple.)

NÉLUSKO, aux Indiens qui sont près de lui.

Amis, suivons notre reine.

(Fausse sortie; on entend du tumulte.)

Quel est ce bruit?

UN BRAHME.

De ces chrétiens l'on traîne
Les femmes à la mort.

NÉLUSKO.

J'ai décidé leur sort.
Vers le mancenillier, au sombre et noir feuillage,
Dans les bosquets sacrés

(S'adressant aux soldats.)

allez, guidez leurs pas.
Leurs membres fatigués, sous ce tranquille ombrage,
Trouveront le sommeil... ainsi que le trépas.

(Il sort du même côté que Sélika.)

SCÈNE II.

VASCO suivi de quelques soldats.

VASCO, admirant tout ce qui l'entoure.

Air

Oui, les voilà, ce n'est plus un mensonge,
Ces bords heureux que je voyais en songe !
Ce jour découvre enfin à mes sens étonnés
Les climats inconnus que j'avais devinés.
Salut, salut, ô nouveau monde,

Cieux transparents, riches pays... !
Soleil, dont la clarté m'inonde !
Je t'ai vu ! Vasco t'a conquis !
O terre en merveilles féconde,
A nous, tes trésors et tes biens !
Beau paradis sorti de l'onde,
Désormais tu nous appartiens !

SCÈNE III.

VASCO, BRAHMES et soldats.

CHŒUR, l'entourant et le menaçant.

Qu'à frapper le fer s'apprête
            Encor !
Que l'écho vengeur répète :
            La mort !

VASCO, revenant à lui.

Que disent-ils ? mourir !... Dans quel moment, hélas !
Mourir vainqueur ! sans que rien ici-bas,
            O douloureux martyre !
Me survive et proclame mon nom !...
            (S'adressant à ceux qui l'entourent.)
Vous ne le voudrez pas ?... non... non !
Conduisez-moi vers ce navire
Dont la voile brille à vos yeux ;
A mes amis laissez-moi dire
Que le succès comble mes vœux :
Qu'en montrant la route nouvelle
Qui de la vieille Europe aura brisé les fers,
Je lui lègue gloire éternelle
Et le sceptre de l'univers !

Pitié pour ma mémoire,
Vous à qui j'ai recours !
Ne prenez que mes jours,
Et laissez-moi la gloire !
Tous les tourments que votre haine assemble
Ont, pour moi, moins de cruauté ;
Car c'est mourir deux fois que perdre ensemble
La vie et l'immortalité !
Pitié pour ma mémoire,
Vous à qui j'ai recours !
Ne prenez que mes jours,
Et laissez-moi la gloire !

CHŒUR, l'entraînant.

Qu'à frapper le fer s'apprête
Encor !
Que l'écho vengeur répète :
La mort ! la mort !

(Tous ont levé la hache et vont frapper Vasco).

SCÈNE IV.

LES PRÉCÉDENTS, SÉLIKA, suivie de NÉLUSKO, du GRAND-
PRÊTRE et de toute sa cour.

SÉLIKA, du haut des marches du temple, apercevant Vasco.
Arrêtez !

VASCO.
Sélika !

(A la voix de Sélika, les soldats s'arrêtent, Sélika court à Vasco.)

VASCO, à voix basse.
C'est toi que je revois,
Toi, qui vers moi descends, déesse protectrice !

4.

SÉLIKA, de même.

Est-ce donc la première fois?

NÉLUSKO, à demi-voix à Sélika.

Voulo<i>i</i> le soustraire au supplice!...

LE GRAND PRÊTRE à voix haute.

Et, pour un inconnu, braver ici les lois
Qu'aux pieds des saints autels vient de jurer ta voix!

TOUS.

Oui, mort aux étrangers! que la loi s'accomplisse!

LE GRAND PRÊTRE.

Par mes ordres déjà, jusques aux femmes, tous
Ont expiré sous nos coups!

VASCO, avec désespoir.

Inès!

NÉLUSKO, le regardant.

Elle n'est plus.

VASCO.

Inès, tu m'es ravie!
Eh bien, prenez ma vie!
(Se tournant vers les brahmes.)
Frappez donc!

SÉLIKA, à part, regardant Vasco avec douleur.

Ah! cruel!

LE GRAND PRÊTRE ET LE CHŒUR.

À l'étranger la mort!

SÉLIKA, prenant la main de Vasco.

Et si ce n'était pas un étranger?

VASCO.

Qu'entends-je?

SÉLIKA, à demi-voix.

Silence! et permets-moi de te sauver encor;
Tu m'oublieras après!...

(Au grand prêtre et au peuple.)

Si, par un sort étrange,
Il était notre frère?...

TOUS.

O ciel!

SÉLIKA.

Si le destin,
Par des liens que rien ne peut détruire
A moi l'avait uni?

NÉLUSKO, à part.

Dieu! qu'ose-t-elle dire?

SÉLIKA.

Oui, votre reine, esclave au rivage lointain,
A vu sauver par lui son honneur... et ma main,

(A Nélusko.)

Tu le sais, fut sa récompense.

NÉLUSKO.

Qui?... moi!...

SÉLIKA, à voix basse.

Toi seul pourrais me démentir.
Mais songes-y... s'il meurt, je veux mourir!

(A voix haute, se tournant vers les prêtres et vers le peuple.)

Peuple, en votre présence,
Oui, Nélusko peut l'attester encor.

LE GRAND PRÊTRE, vivement.

Devant nos dieux et sur le livre d'or.

(Sur un signe du grand prêtre, un brahme va chercher le livre sacré,
sur lequel Sélika a prêté serment à la première scène.)

NÉLUSKO, hésitant et regardant Sélika.

Cavatine.

L'avoir tant adorée,
Et, dévouement fatal!
Je l'aurai donc livrée
Aux bras de mon rival!
  Non, je ne puis...

(Il rencontre un regard suppliant de Sélika.)
              Encor ce sacrifice!
Que Nélusko périsse
Ainsi que son honneur!

                TOUS.

Réponds.

                NÉLUSKO.

Allons, comblons sa joie...
Qu'heureuse, elle me voie
Mourir... de son bonheur!
(En ce moment on présente à Nélusko le livre d'or).

        LE GRAND-PRÊTRE et le CHOEUR.

Réponds... réponds?...

        NÉLUSKO, faisant un effort sur lui-même.
                Eh bien, je jure devant vous,
Je jure... qu'elle l'aime... et qu'il est son époux.

                TOUS.

    Son époux!
      (Tous s'inclinent devant Vasco.)
    NÉLUSKO, seul debout et à part.

L'avoir tant adorée
Et, dévouement fatal!
C'est moi qui l'ai livrée
Aux bras de mon rival!

        (Il sort précipitamment.)

SÉLIKA, avec joie.

Il est sauvé !

LE GRAND PRÊTRE, s'avançant au milieu du théâtre.

Peuple, écoutez ma voix :
Les dieux de l'Indoustan, dont nous suivons les lois,
Veulent que l'union sous d'autres cieux jurée
Soit, devant nos autels, à jamais consacrée.

SÉLIKA, s'approchant de Vasco qui vient de tressaillir, lui dit à voix
basse et avec douleur :

Va, ne crains rien...

LE GRAND PRÊTRE.

Brahma ! Wichnou ! Siva !
Vous, que toujours l'Inde adora,
Gloire à vous !

(A Vasco et à Sélika).

Buvez ce philtre saint, ce breuvage si doux,
Où du soleil vit la puissante flamme ;
Buvez, heureux époux,
Qu'il remplisse votre âme
De cet amour divin qui doit vous réunir,
Et qui par la mort seule un jour pourra finir !

(A Vasco).

Bois étranger, pour que l'on te confie
Le trésor que Brahma vient de rendre à nos vœux

(A Sélika).

Bois à ton tour : que le nœud qui vous lie
Reste à jamais sous la garde des dieux !
Ici, priez tous deux ; nous au pied des autels
Allons tous répéter nos hymnes solennels.

(Il sort, suivi de tous à l'exception de Sélika et de Vasco.)

SCÈNE V.

SÉLIKA, VASCO.

VASCO, chancelant et cherchant en vain à retrouver ses idées.

Quel trouble!... quel vertige!...
La raison m'abandonne... où suis-je?
A mes regards un voile a couvert le passé,
Qui s'enfuit loin de moi comme un rêve effacé!

SÉLIKA.

Le vaisseau de don Pédro est brisé.

VASCO.

Je le sais.

SÉLIKA.

Et tous ses compagnons immolés.

VASCO.

Je le sais.

SÉLIKA.

Mais en mer on peut voir encore ton navire,
Où tes amis tremblants et par toi délaissés,
Impatients, t'attendent.

VASCO.

Je le sais.

SÉLIKA.

L'hymen que ton salut me force de souscrire,
O Vasco! tu le peux accepter sans effroi...
Car, reçu par nos dieux, il n'engage que moi,
Mais l'époux de la reine est libre et parle en maître.
Dès demain, dès ce soir peut-être,

Sur ma pirogue il peut, rejoignant ses amis,
Fuir ces climats, regagner son pays.

VASCO.

Quel délire inconnu soudain vient me saisir !
Des maux que je souffrais je perds le souvenir..
Mes yeux sont éblouis, d'enivrantes clartés
Et de désirs nouveaux mes sens sont agités !

Duo.

SÉLIKA.

Adieu, fuis loin de nous, fuis avec ta victoire ;
Laisse-moi le malheur.

VASCO.

Non, je ne le puis croire...
Reine, à toi, le malheur ?

SÉLIKA, avec douleur.

Tu n'as jamais compris
Qu'on puisse aimer, souffrir et mourir de sa peine...

VASCO.

Qu'entends-je ? et quelle erreur fut si longtemps la
Quel voile te cachait à mes yeux ?   [mienne !

SÉLIKA.

Le mépris.

VASCO.

Tais-toi ! c'est blasphémer !... jamais nulle mortelle
A mes regards charmés ne s'offrit aussi belle.

(La contemplant avec amour.)

Et de ton œil de feu la dévorante ardeur,
Comme un rayon de flamme a passé dans mon cœur
Te quitter à présent... jamais !

SÉLIKA.

Erreur fatale!
Ne m'as tu pas déjà vendue à ma rivale?

VASCO.

Ah! ne m'accable pas! je suis à tes genoux,
O Sélika, pardonne à ton époux!

SÉLIKA.

Ciel! que dis-tu?

ENSEMBLE.

SÉLIKA.

Vers toi, mon idole,
Tout mon cœur s'envole;
Ta douce parole
Me fait tressaillir.
Ma faiblesse augmente:
Par ta voix touchante,
D'amour frémissante,
Je me sens fléchir!

VASCO.

Vers toi, mon idole,
Tout mon cœur s'envole;
Et, pour toi, j'immole
Ma gloire à venir,
D'amour frémissante,
Mon âme est brûlante;
L'espoir et l'attente
Me font tressaillir!

VASCO.

Oui! je t'aime!... je t'aime!

SÉLIKA.

Ah! ne dis pas ce mot... il m'égare moi-même!

VASCO.

Devant ton Dieu, devant le mien,
Sois ma femme !

SÉLIKA.

Songes-y bien !
Car moi, si je suis ton épouse,
Je le sens, je serai jalouse
De tout !... même... d'un souvenir
Qu'à jamais de ton cœur il te faudrait bannir !
En aurais-tu la force ?

VASCO.

Oui, près de toi
J'oublierai tout !

SÉLIKA.

A moi !... toujours à moi !...

ENSEMBLE :

SÉLIKA.

Vers toi, mon idole,
Oui, mon cœur s'envole !
Je t'aime et j'immole
Jusqu'au souvenir.
Mon délire augmente :
D'amour frémissante,
Mon âme est brûlante ;
Je me sens mourir !

VASCO.

Vers toi, mon idole,
Oui, mon cœur s'envole !
Et pour toi j'immole

5

Ma gloire à venir!
Mon délire augmente :
D'amour frémissante
Mon âme est brûlante ;
Je me sens mourir!

SCÈNE VI.

LES MÊMES, LES PRÊTRES et LE PEUPLE.

LE GRAND-PRÊTRE, élevant les mains sur Vasco et Sélika
qui s'inclinent devant lui.

Triple divinité redoutable au parjure
De ces époux reçois les vœux!
Par Siva, l'âme de la nature,
Soyez unis! soyez heureux!

TOUS.

Soyez unis! soyez heureux!

(Les femmes entourent Sélika, lui mettent sur la tête une couronne de
fleurs et la couvrent d'un voile. D'autres forment autour d'elle avec
leurs voiles un rempart transparent.)

CHŒUR.

Rempart de gaze,
Cachez le feu qui les embrase!
Que, dès ce jour,
Constante ivresse, dans le silence,
Les récompense
De leur amour!

(Vasco contemple la reine avec amour; tout à coup un chant
lointain arrive à son oreille.)

INÈS ET CHŒUR en dehors.

Adieu... rive du Tage,
O regrets superflus !
Amis de mon jeune âge,
Vous ne me verrez plus !

VASCO, tressaillant.

Quel prodige ! quelle magie !
Les chants si doux de la patrie,
Pour moi, descendent-ils des cieux ?
Inès... ton ombre fidèle
Dans les airs m'adresse-t-elle
Encor ses derniers adieux !

(Ne pouvant résister à son émotion, il veut s'élancer du côté où se fait entendre le chœur des femmes, mais un groupe de jeunes filles l'entoure et l'entraîne vers Sélika, qui en ce moment se dirige vers son palais sous les voûtes de gaze fermées par les voiles des Bayadères.

CHŒUR.

Remparts de gaze,
Cachez le feu qui les embrase !
Que dès ce jour,
Constante ivresse, dans le silence,
Les récompense
De leur amour!

ACTE V.

Les jardins de la reine. Arbres des tropiques; masses de fleurs et de fruits. A gauche l'entrée du palais.

SCÈNE I.

SÉLIKA, INÈS, entourée de soldats.

SÉLIKA.

Quoi se peut-il?... par lui déjà trahie!...
Vasco! voilà donc ton serment!...
L'ingrat!... Un instant avilie,
Je reprends tous mes droits. Ce n'est plus maintenant
L'épouse, mais la reine... une reine outragée,
Qui redevient ton juge et qui sera vengée :
Ta lâche perfidie aura son châtiment.

Duo.

SÉLIKA, se tournant vers Inès.

Avant que ma vengeance ordonne ton supplice,
Approche, esclave, et réponds-moi.
Par quelle trahison ou par quel artifice,
Ce perfide était-il, en ces lieux, près de toi ?

INÈS.

Mourante, je fuyais, il s'offrit à ma vue.

SÉLIKA.

Et que te disait-il, tremblant et l'âme émue?

INÈS.

Il disait que l'hymen venait d'unir vos jours,
Qu'à vous étaient son existence
Et ses serments et sa reconnaissance.

SÉLIKA.

Et pourtant il t'aime toujours!

INÈS.

Non! et que votre cœur, ô reine, lui pardonne!
N'écoutant que l'honneur, hélas! il m'abandonne...
Il me fuit à jamais!...

SÉLIKA, avec douleur et colère.

Il t'aimera toujours!

INÈS.

A vos yeux, si tel est son crime,
Tombe sur moi votre courroux!
Il est juste, il est légitime,
Et je l'implore à vos genoux!
Oui, c'est ma seule prière :
Quand on n'a plus de bonheur sur la terre,
A des maux sans espoir quand nos jours sont livrés,
Mieux vaut mourir!... frappez!
(Regardant Sélika, qui jusque-là est restée immobile et la tête baissée.)
O reine!... vous pleurez!

ENSEMBLE.

SÉLIKA, à part.

Voilà, voilà tous mes tourments!
Pauvre femme! pauvre victime!
Comment, hélas! lui faire un crime.
De tous les maux que je ressens?

INÈS.

Oui, voilà ce que je ressens!
Je vous l'ai dit, voilà mon crime.
Vengez-vous! frappez la victime,
Délivrez-la de ses tourments!

SÉLIKA.

Tu sens donc, en pensant à celui qui t'est cher...

INÈS.

Et l'amour et la haine en mon âme indécise!

SÉLIKA, portant la main à son cœur.

Et puis là... là... comme un main de fer...

INÈS.

Qui me torture et qui me brise!

ENSEMBLE.

SÉLIKA.

Voilà tout ce que je ressens!
Pauvre femme! pauvre victime!
Que je la plains! car son seul crime
Est de souffrir tous mes tourments!

INÈS.

Oui, voilà ce que je ressens!
Je vous l'ai dit, voilà mon crime!
Vengez-vous! frappez la victime,
Délivrez-la de ses tourments!

SÉLIKA.

O longue souffrance
Qui déjà commence!
Et mon cœur balance
A s'en délivrer!
Pour briser mes chaînes,
Dieu qui vois mes peines,
Daigne m'inspirer!

INÈS.

O longue souffrance
Qui déjà commence !
Et son cœur balance
A m'en délivrer ! .
Pour briser mes chaînes,
Dieu qui voit mes peines,
Daigne l'inspirer !

SCÈNE II.

LES PRÉCÉDENTS, NÉLUSKO, suivi de plusieurs soldats.

SÉLIKA, aux soldats, montrant Inès.

Emmenez cette esclave.

(Les soldats emmènent Inès.)

(A Nélusko.) Et toi, loin de ces lieux
Guide Vasco...

NÉLUSKO.

Quoi, libre ?

SÉLIKA, écrivant sur ses tablettes.

Oui, Tous les deux !...
Tu vas à l'instant les conduire
Vers ce navire
Qu'en mer on aperçoit encor.
Et puis... écoute bien : quand, monté sur son bord,
Il partira... remets-lui ces tablettes.
Pas avant !... tu m'entends !

NÉLUSKO, avec joie.

Ah ! livrez-les sans crainte entre mes mains discrètes.
  Ce jour heureux qui finit mes tourments,
O reine, vous rendra le bonheur et la gloire !

SÉLIKA.

Et lorsque pour jamais tu verras de nos bords
S'éloigner leur vaisseau... viens me trouver alors
A ce rocher terrible et sur ce promontoire
Qui domine les flots.

NÉLUSKO.

Ah ! n'en approchez pas !
Là, s'il vous en souvient, s'étend l'immense ombrage
Du noir mancenillier, de l'arbre du trépas.
Malheur à qui s'assoit sous son fatal feuillage !

SÉLIKA.

Ne crains rien... laisse-moi.

NÉLUSKO.

Malheur à l'imprudent
Qui respire ses fleurs au parfum enivrant !
Un instant il se croit aux régions célestes,
Extase mensongère et dangereux transport
Qui conduit par degré du délire à la mort !

SÉLIKA.

De ces rameaux funestes
J'éloignerai mes pas... Mais de ces lieux
On découvre la mer, et c'est ce que je veux.

(Nélusko sort par la droite et Sélika rentre dans le palais.)

8.

Le théâtre change et représente un promontoire qui domine la mer.
Un arbre occupe le milieu de la scène.

SCÈNE III.

SÉLIKA, seule, s'avance lentement jusqu'au bord de la mer qu'elle
contemple quelque temps en silence.

D'ici je vois la mer, immense... et sans limite
    Ainsi que ma douleur !
Et le flot furieux qui se brise et s'agite
    Hélas ! comme mon cœur !

      (S'avançant vers le mancenillier.)

O temple redoutable ! ô dôme de feuillage,
Qui balancez au loin vos funèbres rameaux !
Je viens à vous !... je viens chercher après l'orage
Le calme, le sommeil et l'oubli de mes maux...
Car votre ombre éternelle est l'ombre des tombeaux !

    (Cueillant les fleurs qui tombent des branches du mancenillier.)

O riante couleur ! ô fleur vermeille et belle !
    Viens sur le sein de l'épouse nouvelle !
Sois ma parure !... sois mon bouquet nuptial !

    (Le regardant d'un air triste, puis le respirant.)

Ton doux parfum, dit-on, donne un bonheur fatal,
Dans les cieux entr'ouverts, un instant il fait vivre,
Et puis, d'un long sommeil à jamais vous endort.
    Comme l'amour il nous enivre
    Et comme lui donne la mort.
Ah ! l'on dit vrai... ma tête et se trouble et s'égare...
De mes sens enchantés quel délire s'empare !
    O douce extase !
    Transports heureux !
    L'amour m'embrase

De tous ses feux!
Divin délire!
Accords joyeux!
Oui, Dieu m'inspire...

A mes regards s'ouvrent les cieux ;
Brahma m'apparaît radieux!
Au sein de ce nuage
Brillant et lumineux,
De Vasco c'est l'image...
C'est lui qui paraît à mes yeux!
Vasco, te voilà donc!... ô délices suprêmes!
Quand tu reviens, reviennent les beaux jours.
Je m'abusais... n'est-il pas vrai?... tu m'aimes!...
Oui, tu m'aimes toujours!
Il l'a dit! il l'a dit!... ô séduisante ivresse!
O moment enchanteur!
Dans ses bras il me presse,
Je sens son cœur battre contre mon cœur!

Sélika, commençant à s'endormir, est tombée au pied du mancenillier.

CHŒUR AÉRIEN, que croit entendre Sélika dans son délire.

C'est ici le séjour
De l'éternel amour...
De ta constance
Le ciel te récompense!
Ici... toujours...
Mêmes amours!

SÉLIKA, levant les yeux vers le haut du mancenillier.

O céleste séjour,
D'un éternel amour!

(Le délire qu'elle éprouve lutte encore en elle contre le froid qui
peu à peu l'engourdit et l'endort.)

(On entend un coup de canon. A ce bruit, Sélika tressaille, ouvre ses
    yeux appesantis, regarde du côté de la mer, et apercevant le vais-
    seau qui s'éloigne, pousse un cri de douleur.)

C'était un songe!

SCÈNE IV.

SÉLIKA, NÉLUSKO.

NÉLUSKO.

O transports d'allégresse!
Partis... partis!... ils ont quitté ces lieux!
Voyez-vous leur navire?

SÉLIKA.

Ah! rendez-moi les cieux!

NÉLUSKO l'aperçoit, pousse un cri et court se jeter à ses pieds.

Reviens à toi, ma maîtresse adorée!
Aux chants des noirs esprits, par ces fleurs enivrée,
Tu t'endors!...

(Sélika fait un geste d'adieu à Nélusko et lui ordonne de se retirer.)

Reine infortunée,
Tu veux mourir! Ma destinée
Était de m'immoler pour toi!

SÉLIKA.

Cher Nélusko... pardonne-moi.

NÉLUSKO.

Déjà sa main est froide et glacée! O terreur!
C'est la mort!...

SÉLIKA.

Non! c'est le bonheur!

(Elle expire les yeux tournés vers le ciel; dans le lointain, le chœur
aérien reprend et semble accompagner son âme vers les cieux.
Dans ce moment, une foule de peuple se précipite sur le théâtre,
mais elle s'arrête effrayée, n'osant s'avancer sous l'ombrage du
mancenillier. Nélusko reste seul à genoux près de Sélika qu'il sou-
tient dans ses bras.)

· ENSEMBLE.

CHŒUR DU PEUPLE, avec effroi.

N'approchez pas! n'approchez pas!
Ces rameaux donnent le trépas!

NÉLUSKO, avec amour et exaltation.

Auprès de toi je reste, hélas!
Je veux partager ton trépas!

CHŒUR AÉRIEN.

Pour elle s'ouvre le séjour
Où règne un éternel amour!

(Nélusko tombe expirant aux pieds de Sélika. Le navire paraît
encore à l'horizon.)

FIN

Imprime.le Poupart-Davyl et C", rue du Bac, 30.

103, RUE DE RICHELIEU, 103

AU PREMIER

PUBLIÉ PAR

G. BRANDUS & S. DUFOUR

ÉDITEURS DES

ŒUVRES COMPLÈTES DE MEYERBEER

L'AFRICAINE

Opéra en 5 actes, paroles de SCRIBE

MUSIQUE DE

G. MEYERBEER

3ᵉ ACTE

8. Chœur de femmes : *Le rapide et léger navire* 4 50
9. Quatuor, chœur de matelots : *Debout, matelots ! l'équipage, debout!* 7 50
10. Prière (double chœur) : *O grand saint Dominique* 4 50
11. Ballade, chantée par M. Faure : *Adamastor, roi des vagues* . . . . . . 6 »
11 *bis*. La même, transposée pour ténor . . . . 6 »
11 *ter*. La même, transposée pour basse . . . . 6 »
12. Duo, chanté par MM. Naudin et Belval : *Quel destin ou quel délire,* . . . . 9 »
13. Chœur des Indiens : *Brahma! Brahma! force et courage* 4 50

4ᵉ ACTE

14. Chœur des sacrificateurs : *Soleil, qui sur nous t'élèves brillant* 4 50
15. Grand air chanté par M. Naudin : *Paradis sorti de l'onde,* . . . . 6 »
15 *bis*. Le même transposé pour baryton . . . . 6 »
15 *ter*. Mélodie extraite de l'air 4 50
15 *quater*. La même transposée pour baryton 4 50
16. Cavatine chantée par M. Faure : *L'avoir tant adorée* 4 50
16 *bis*. La même transposée pour basse 4 50
17. Grand duo, chanté par Mᵐᵉ Sax et M. Naudin : *Eh bien, fuis loin de nous, cruel.* 9 »
18. Chœur dansé : *Remparts de gaze,* 7 50

5ᵉ ACTE

19. Arioso, chanté par Mˡˡᵉ Battu : *Fleurs nouvelles, arbres nouveaux,* . . . . . 5 »
19 *bis*. Le même transposé pour mezzo-soprano ou contralto . . . . 5 »
20. Grand duo, chanté par Mᵐᵉ Sax et Mˡˡᵉ Battu : *Avant que ma vengeance ordonne* . . . . 10 »
21. Grande scène du mancenillier, chantée par Mᵐᵉ Sax : *D'ici je vois la mer immense,* . . . . 9 »
21 *bis*. Cavatine, extraite de la scène précédente : *La haine m'abandonne.* . . . 4 50
21 *ter*. La même transposée pour mezzo-soprano 4 50
22. Air, extrait de la scène précédente : *O délice qui m'inonde.* . . . . 6 »
22 *bis*. Le même transposé pour mezzo-soprano, ... 6 »
23. Chœur aérien : *C'est ici le séjour de l'éternel amour,* . . . . 3 »

AU QUATRIÈME ACTE

GRANDE MARCHE INDIENNE, édition originale, pour piano . . . . 9 »
    La même, simplifiée pour le piano 7 50
    La même, arrangée à quatre mains, par Ed. Wolff . . . . 12 »
MARCHE RELIGIEUSE, arrangée pour le piano, par Vauthrot . . . . 5 »
    La même, édition simplifiée . . . . 5 »
    La même, arrangée à quatre mains, par Ed. Wolff 7 50

LES AIRS DE BALLET

1. LA FLEUR DE LOTUS, idylle chorégraphique, arrangée pour le piano, par Vauthrot. . . . . 5 »
    La même, arrangée à quatre mains, par Ed. Wolff, ... 7 50
2. PAS DES JONGLEURS, finale arrangé pour le piano, ... 5 »
    Le même, arrangé à quatre mains, par Ed. Wolff 7 50

LES MORCEAUX DE CHANT TRANSCRITS POUR PIANO SEUL
Par A. CROISEZ, revus et approuvés par F.-J. FÉTIS

1. Romance chantée par Mˡˡᵉ Battu.
2. Terzettino chanté par Mˡˡᵉ Battu, MM. Belval et Castelmary.
3. Chœur des évêques, extrait du finale.
4. Air du Sommeil, chanté par Mᵐᵉ Sax.
5. Air chanté par M. Faure.

Duo chanté par Mme Sax et M. Naudin.
Septuor, extrait du finale.
Chœur des Femmes.
Quatuor, chœur de matelots.
Prière, double chœur.
Ballade chantée par M. Faure.
Duo chanté par MM. Naudin et Belval.
Chœur des Indiens, extrait du finale.
Chœur des sacrificateurs.
Grand air chanté par M. Naudin.
Cavatine chantée par M. Faure.

17. Grand duo chanté par Mme Sax et M. Naudin.
18. Chœur dansé.
19. Arioso chanté par Mlle Battu.
20. Grand duo chanté par Mme Sax et Mlle Battu.
21. Grande scène du mancenillier, chantée par Mme Sax, cavatine extraite.
22. Air extrait de la scène précédente.
23. Chœur aérien.

Ix de chaque numéro : 4 fr. 50 ; le recueil de ces 23 morceaux réunis, net : 25 fr.

Ces transcriptions reproduisent aussi exactement que possible, sans variations changements, les airs de chant, tels que l'auteur les a composés, et les mettent si à la portée de tous les pianistes.

La Partition de l'AFRICAINE

ur Chant et Piano, grand format in-4°, net. . . . . 40 »
    (Avec portrait et fac-similé de musique et d'écriture de Meyerbeer.)
La même, format grand in-8°, édition de luxe, net . . . . 30 »
    (Papier vélin, avec portrait de Meyerbeer et fac-similé de musique et d'écriture, titres et couverture illustrés.)
La même, format in-8° (édition populaire), net. . . . . 20 »
La même, format in-8°, avec paroles italiennes et allemandes, net. . . . . 20 »
ur le Piano seul, grand format in-4°, net. . . . . 20 »
La même, format in-8°, net. . . . . 12 »
ur le Piano à quatre mains, net . . . . 25 »

FANTAISIES, TRANSCRIPTIONS, ARRANGEMENTS DIVERS, DANSES, ETC.

Pour le Piano à quatre mains et tous autres instruments.

ANTAISIE DE SALON sur des thèmes de l'Africaine, par E. Ketterer. . . . 9 »
OUQUET DE MÉLODIES de l'Africaine, mosaïque par Cramer. . . . . 9 »
UADRILLE par STRAUSS, pour le piano et à quatre mains. . . . . chaque. 4 50
RANDE VALSE par STRAUSS, pour le piano. . . . . 6 »
    La même arrangée à quatre mains 7 50

FANTAISIES ET TRANSCRIPTIONS DIVERSES

ar *Ascher, Paul Bernard, Burgmüller, Croisez, Stephen Heller, Ch. Hess, Kruger, Lecarpentier, Liszt, Leybach, Lysberg, Neustedt, Snyders, Valiquet, Brinley-Richards,* et autres auteurs en vogue.

Quadrilles, Valses, Polkas, Polkas-Mazurkas, Redowas

COLLECTION DES ŒUVRES

DE

GIACOMO MEYERBEER

**ROBERT LE DIABLE, LES HUGUENOTS, LE PROPHÈTE, L'ÉTOILE DU NORD
LE PARDON DE PLOËRMEL, L'AFRICAINE**

*Partitions pour piano et chant, avec paroles françaises; les mêmes, avec paroles italiennes et al-
lemandes. — Partitions pour piano seul et à quatre mains. — Airs détachés de chant. — Chœurs,
Ouvertures. — Marches. — Airs de Ballets.*

STRUENSÉE. — OUVERTURE, grande partition, parties d'orchestre, piano à quatre
mains. — POLONAISE, grande partition, parties d'orchestre, piano à quatre mains.

Il Crociato, partition chant et piano. . . . . net. 12 »
    Airs détachés de chant . . . . » »
Marguerite d'Anjou, partition chant et piano. . . . . net. 12 »
    Airs détachés de chant . . . . » »
40 Mélodies in-8 à une ou plusieurs voix. . . . . net. 12 »
    Les mêmes, transcrites pour le piano seul, 1 vol. in-8. . . . . net. 10 »

MÉLODIES DÉTACHÉES AVEC PAROLES FRANÇAISES ET ALLEMANDES :

Fantaisie.	4 50	Le Vœu pendant l'orage.	3 »
Seule, pour voix de basse. . . .	4 50	Le Poëte mourant.	5 »
La Marguerite du poëte. . . .	3 50	La fille de l'air.	2 50
Suleika.	4 50	Nella.	2 50
Le Jardin du cœur.	2 50	C'est elle.	2 50
Guide au bord ta nacelle. . . .	4 50	Les feuilles de rose.	3 75
Sirocco.	4 50	Mina.	3 75
La Chanson de maître Floh. . .	4 50	Les souvenirs.	3 »
Chanson des moissonneurs ven-		La même, avec paroles italiennes.	
déens.	4 50	Le Pénitent.	2 50
De ma première amie	2 50	Sérénade.	4 50
Elle et moi.	2 50	La Dame invisible.	5 »
Chanson de Mai.	4 50	Sur le balcon.	5 »
La même, avec paroles italiennes.		Cantique du trappiste, pour basse	4 50
Rachel à Nephtali	2 50	Le même, avec paroles italiennes.	
A une jeune mère	2 50	Prière d'enfants.	3 »
Le Moine, pour voix de basse. .	6 »	Printemps caché.	2 50
La Barque légère	3 »	Chant du dimanche.	2 50
Ballade de la reine Marguerite. .	2 50	Confidences.	3 50
La Folle de Saint-Joseph. . . .	2 50	Délire.	2 50
Mère grand, nocturne à 2 voix. .	3 »	Le même, avec paroles italiennes.	
Le même, avec paroles italiennes.		Le Voyageur au tombeau de Bee-	
Le Ranz des vaches d'Appenzell.	3 »	thoven.	5 »

Le Baptême.............. 3 »   A Venise, barcarolle, paroles fran-
Aimez.................. 2 »   çaises de Paccini.......... 5 »
Sicilienne.............. 3 »   La même, avec paroles italiennes
                                 de Baltrame............. 5 »

Le chant du Berger, lied avec accompagnement de clarinette obligée. ... 6 »
Près de toi, lied avec accompagnement de violoncelle obligé......... 6 »
Le revenant du vieux château de Bade, légende et ballade............ 9 »

CHŒURS POUR VOIX D'HOMME
PAROLES FRANÇAISES ET ALLEMANDES

A la Patrie, chœur avec soli......................... net. 2 »
Invocation à la terre natale, chœur sur un thème anglais.......... 1.50
Les Joyeux Chasseurs, chœur à quatre voix................. 1 »
L'Amitié, quatuor................................ 1 »
Le Chant des Exilés, chœur avec solo de ténor............... 2 »
Adieux aux jeunes mariés, sérénades à huit voix.............. 2 »
Prière du matin, pour deux chœurs à huit voix............... 2 »
Chant guerrier, de *Struensée*, chœur à quatre voix............ 1 »
Le 91ᵉ Psaume, motet à huit voix (en deux chœurs), in-8........ 5 »
Sept chants religieux, à quatre voix, 1 vol, in-4°............ 15 »

MORCEAUX DE CHANT DIVERS

A Schiller, cantate composée pour la célébration du 100ᵉ anniversaire de la
   naissance de Schiller, in-8.................... net. 5 »
Nice à Stéphanie, cantate composée pour l'anniversaire de S. A. I. Mᵐᵉ la
   grande-duchesse Stéphanie de Bade................. 9 »
Scène et Prière, composée pour Mario dans *Robert le Diable*....... 6 »
Scène et Cavatine du *Crociato*, composée pour Mᵐᵉ Pasta......... 6 »
Rondo composé pour Mᵈᵉ Alboni dans les *Huguenots*............ 6 »
Parmi les pleurs, romance intercalée dans les *Huguenots*......... 6 »
Polonaise et Arioso, ajouté à l'*Etoile du Nord*, chaque.......... 9 »
Scène et Canzonetta, ajoutées au *Pardon de Ploermel*.......... 9 »
Pas de la bouquetière, air dansé, ajouté à *Robert le Diable*....... 6 »

Schiller-Marsch, composée pour la célébration du 100ᵉ anniversaire de la
   naissance de Schiller. Grande partition, parties d'orchestre, piano
   et à quatre mains........................... » »
Marche du Couronnement, composée pour le sacre du roi Guillaume Iᵉʳ de
   Prusse, grande partition, parties d'orchestre, piano et à quatre
   mains................................. » »
Quatre marches aux flambeaux. Grandes partitions, parties d'orchestre,
   piano et à quatre mains. (La 3ᵉ marche pour musique militaire.). . » »
Ouverture en forme de marche, composée pour l'inauguration de l'Exposition
   universelle de Londres. Grande partition, parties d'orchestre, piano,
   et à quatre mains.......................... » »
Portrait lithographié de Giacomo Meyerbeer, dessiné d'après nature par Desmaisons................................ net. 5 »

PARTITIONS POUR CHANT ET PIANO

PAROLES FRANÇAISES, FORMAT IN-8°.

Adam. — Farfadet (le)	net. 8	»
— Giralda	net. 15	»
— Le Housard de Berchini	net. 10	»
— Postillon de Lonjumeau (le)	net. 12	»
— Poupée de Nuremberg (la)	net. 8	»
— Toréador (le)	net. 10	»
Auber. — Actéon	net. 8	»
— Ambassadrice (l')	net. 15	»
— Barcarolle (la)	net. 15	»
— Bergère châtelaine (la)	net. 15	»
— Chaperons blancs (les)	net. 15	»
— Cheval de Bronze (le)	net. 15	»
— Diamants de la Couronne (les)	net. 15	»
— Dieu et la Bayadère (le)	net. 15	»
— Domino noir (le)	net. 15	»
— Duc d'Olonne (le)	net. 15	»
— Enfant Prodigue (l')	net. 20	»
— Fiancée (la)	net. 15	»
— Fra Diavolo	net. 15	»
— Haydée	net. 15	»
— Lac des Fées (le)	net. 20	»
— Lestocq	net. 15	»
— Muette de Portici (la)	net. 20	»
— Neige (la)	net. 10	»
— Part du Diable (la)	net. 15	»
— Philtre (le)	net. 15	»
— Serment (le)	net. 15	»
— Sirène (la)	net. 15	»
— Zanetta	net. 15	»
— Zerline, ou la Corbeille d'oranges	net. 15	»
Bach. — Passion (la), oratorio	net. 10	»
Bazin (J.-S.). — Trompette de M. le Prince (le)	net. 8	»
Beethoven. — Fidelio	net. 10	»
Bellini. — Somnambule (la), paroles françaises et italiennes	net. 10	»
Cherubini. — Deux journées (les)	net. 10	»
— Lodoïska	net. 10	»
Déjazet (E.). — Fanchette	net. 8	»
Devienne. — Visitandines (les)	net. 7	»
Dufresne (A.). — Les Valets de Gascogne	net. 8	»
Ernest II. — Diane de Solanges, paroles françaises et allemandes	net. 20	»
Flotow (de). — Martha	net. 15	»
— Stradella	net. 15	»
— Pianella	net. 6	»
Gluck. — Iphigénie en Aulide	net. 7	»
— Iphigénie en Tauride	net. 7	»
Grétry. — Richard Cœur de Lion	net. 7	»
Louis (N.). — Marie-Thérèse	net. 20	»
Maillart (A.). — Les Dragons de Villars	net. 15	»
Mendelssohn. — Élie, oratorio, paroles françaises et allemandes	net. 12	»
— Paulus. (Conversion de saint Paul.)	net. 8	»
Meyerbeer. — L'Africaine	net. 20	»
— La même, édition de luxe	net. 30	»

Meyerbeer. — Étoile du Nord (l').................. net. 18 »
  — Huguenots (les)..................... net. 20 »
  — Pardon de Ploërmel (le)................. net. 18 »
  — Prophète (le)....................... net. 20 »
  — Robert le Diable.................... net. 20 »
  — Quarante mélodies à une et à plusieurs voix, paroles françaises et
    allemandes....................... net. 12 »
  — 91e Psaume, motet à huit voix, en deux chœurs......... net. 5 »
  — Cantate à Schiller................... net. 4 »
Nicolo. — Billet de loterie.................. net. 8 »
  — Cendrillon....................... net. 10 »
  — Jeannot et Colin................... net. 10 »
  — Joconde........................ net. 12 »
  — Rendez-vous bourgeois (les)............. net. 8 »
Rossini. — Comte Ory (le).................. net. 15 »
  — Moïse......................... net. 20 »
  — Robert Bruce..................... net. 20 »
  — Siége de Corinthe (le)................ net. 20 »
  — Stabat Mater, avec paroles latines........... net. 8 »
Sacchini. — OEdipe à Colone................ net. 7 »
Schubert (F.). — Quarante mélodies choisies, paroles allem. et franç.. net. 7 »
Sowinski. — Saint Adalbert, oratorio............ net. 12 »
Spontini. — Olympie.................... net. 20 »
Thomas (A.). — Le Roman d'Elvire............. net. 15 »
Weber. — Freyschütz, avec récitation de Berlioz...... net. 10 »
  — Euryanthe, paroles françaises et allemandes...... net. 8 »
  — Obéron, paroles françaises et allemandes....... net. 10 »

RÉPERTOIRE DES BOUFFES-PARISIENS:

ADAM. — Les Pantins de Violette............. net. 6 »
CASPERS. — Dans la rue.................. net. 5 »
DELIBES. — Les Deux vieilles gardes............ net. 6 »
FÉTIS (Ad.). — Le major Schlagmann............ net. 6 »
FLOTOW (F. de). — Veuve Grapin............. net. 6 »
GASTINEL. — L'Opéra aux fenêtres............. net. 6 »
JONAS. — Le Roi boit................... net. 6 »
MOZART. — L'Impresario................. net. 6 »
OFFENBACH. — Les Bavards............... net. 8 »
  — Les Deux aveugles.................. net. 6 »
  — Mesdames de la Halle................ net. 6 »
  — Les Deux pêcheurs................. net. 3 »
  — La Nuit blanche................... net. 6 »
  — La Rose de Saint-Flour............... net. 6 »
  — Tromb-al-ca-zar................... net. 6 »
  — Vent du soir..................... net. 6 »
  — Lischen et Fritzchen................ net. 5 »
BOURGES (M.). — Sultana................. net. 7 »

Partitions avec paroles italiennes et allemandes.

Auber. — La Muta di Portici. . net. 20
Bellini. — La Sonnambula. . . net. 10
Flotow. — Marta.......... net. 20
  — Stradella.......... net. 20
Meyerbeer. — L'Affricana. . . net. 20
  — Il Pellegrinaggio di Ploërmel. 18

Meyerbeer. — Il Profeta.... net. 20
  — Gli Ugonotti...... net. 20
  — Roberto il Diavolo.... net. 20
  — La Stella del Nord.... net. 18
Nicolai. — Il Templario. . . . net. 8
Rossini. — Stabat Mater.... net. 8

Partitions avec paroles francaises, en grand format in-4°

Adam. — Le Mal du pays. . . net. 7	**Gluck.** — Orphée. . . . . net. 12
— Le Postillon de Lonjum. net. 12	**Kreutzer.** — La Mort d'Abel. . net. 15
Auber. — L'Ambassadrice. . . net. 30	**Meyerbeer.** — L'Africaine. . . net. 40
— L'Enfant prodigue. . . . net. 40	— Le Prophète. . . . . . . net. 40
— Le Dieu et la Bayadère. net. 30	— Les Huguenots. . . . . net. 40
— Le Domino noir. . . . . net. 30	— Robert le Diable. . . . net. 40
— Le Lac des Fées . . . . net. 40	— Le Pardon de Ploërmel. net. 30
— La Muette de Portici. . . net. 40	— Sept Chants religieux à quatre
— La Neige. . . . . net. 12	voix. . . . . net. 15
— Le Philtre. . . . . net. 30	**Offenbach.** — Le Violoneux. . net. 6
— Le Serment. . . . . . . net. 30	— Les deux Aveugles. 6
— Zanetta. . . . . net. 30	**Rossini.** — Le comte Ory. . . net. 30
Beethoven. — Fidelio. . . . . net. 10	— Moïse. . . . . net. 30
Bellini. — Norma. . . . . . . net. 12	— Le Siège de Corinthe. . . net. 30
Bertin (Mlle). — Esméralda. . net. 40	— Stabat Mater. 25
Gluck. — Alceste. . . . . . . net. 12	— Complainte à la Vierge. . . . 25
— Armide. . . . . net. 12	**Sacchini.** — Dardanus. . . . . net. 12
— Iphigénie en Aulide. . . net. 12	— OEdipe à Colone. . . . . net. 12
— Iphigénie en Tauride . . net. 12	

Avec paroles italiennes, en grand format in-4°

Beethoven. — Fidelio. . . . . net. 12	**Mozart.** — Idomeneo. . . . . . net. 12
Bellini. — Norma. . . . . . . net. 12	— L'Impresario. . . . . . net. 6
— Il Pirata. . . . . net. 12	— Le Requiem. . . . . . . net. 12
— La Straniera. . . . . . net. 12	— Le Nozze di Figaro. . . net. 12
Donizetti. — Adelia. . . . . net. 15	— Il Ratto del Seraglio. . . net. 12
Mercadante. — La Vestale. . net. 12	**Rossini.** — Barbiere di Siviglia. net. 12
— Élisa e Claudio. . . . . net. 12	— Semiramide. . . . . . . net. 12
Meyerbeer. — Crociato. . . . net. 12	— Stabat Mater. . . . . . net. 25
— Margarita d'Anjou. . . net. 12	— Tancredi. . . . . net. 12
Mozart. — Cosi fan tutti. . . net. 12	**Spohr.** — Fausto. . . . . . . net. 12
— La Clemenza di Tito. . net. 12	**Weber.** — Oberon. . . . . . . net. 12
— Don Giovanni. . . . . net. 12	— Il Franco arciero. . . . net. 10
— Il Flauto magico. . . . net. 12	

LE RÉPERTOIRE DU CHANTEUR

Recueil de Morceaux de chant des plus célèbres Compositeurs anciens et modernes,
classés pour les différentes voix.

VINGT BEAUX VOLUMES GRAND IN-OCTAVO

2 volumes pour Soprano.	2 volumes pour Basse-taille.
2 volumes pour Mezzo-Soprano.	1 volume de Duos pour 2 Soprani.
8 volumes pour Ténor.	1 volume de Duos pour Ténor et Basse.
2 volumes pour Contralto.	1 vol. de Duos pour Ténor et Soprano.
8 volumes pour Baryton.	1 vol. de Duos pour Soprano et Basse.

Chaque volume contient 25 morceaux avec paroles françaises ou italiennes.

2 VOLUMES CONTENANT 60 MORCEAUX APPROPRIÉS AUX EXERCICES DE CHANT DANS LES PENSIONNATS

Prix du volume broché : 12 fr. net.

MUSIQUE DE PIANO

PARTITIONS RÉDUITES POUR LE PIANO SEUL

PETIT FORMAT IN-8°

Adam. — Giralda . . . . net. 10
— Le Postillon de Longju. net. 10
Auber. — Ambassadrice (l') . net. 10
— Cheval de bronze (le). . net. 10
— Diamants de la couronne. net. 10
— Domino noir (le). . . . net. 8
— Fra Diavolo. . . . . . net. 10
— Haydée. . . . . net. 8
— Muette de Portici (la). . net. 10
— Part du Diable (la). . . net. 8
Flotow. — Marta. . . . . . net. 10
— Stradella. . . . . . . net. 10
Maillart — (A.). Les Dragons de
Villars. . . . . net. 10
Meyerbeer. — Africaine (l'). net. 12
— Étoile du Nord (l'). . . net. 10

Meyerbeer. — Huguenots (les). net. 12
— Pardon de Ploërmel (le). net. 10
— Prophète (le). . . . . net. 12
— Robert le Diable. . . . net. 12
Rossini. — Le Comte Ory. . net. 10

GRAND FORMAT IN-4°

Bellini. — Norma. 25
— Pirata (il). 25
Berlioz. — Symphonie fantastique,
arrangée par Liszt. . . . 20
Meyerbeer. — Africaine (l'). net. 20
— Crociato (il) 25
— Huguenots (les). . . . net. 25
— Robert le Diable. . . . net. 25
Rossini. — Comte Ory (le). . . net. 15
— Stabat Mater. . . . . . net. 25

PARTITIONS POUR LE PIANO A QUATRE MAINS

Auber. — La Muette de Portici. net. 15
Meyerbeer. — Africaine (l'). net. 25
— Étoile du Nord (l'). . . net. 25
— Huguenots (les). . . . net. 25

Meyerbeer. Pardon de Ploërmel. net. 25
— Prophète (le). . . . . . net. 25
— Robert le Diable. . . . net. 25
Rossini. — Stabat Mater. 25

COLLECTIONS & RECUEILS

ÉDITIONS NOUVELLES DE MUSIQUE CLASSIQUE

Collection complète des SONATES, Airs variés et Fantaisies

POUR PIANO DE

MOZART

SEULE ÉDITION AUTHENTIQUE, SOIGNEUSEMENT REVUE ET ENTIÈREMENT CONFORME A L'ÉDITION ORIGINALE

1° SÉRIE. — 18 sonates pour piano seul. . . . . chaque : 5 ou 6 »
2° SÉRIE. — 6 sonates à quatre mains. . . . . chaque. 9 »
3° SÉRIE. — 19 sonates pour piano et violon. . . . . chaque : 5 ou 7 50
4° SÉRIE. — Pour piano, violon et violoncelle, 4 sonates. . . . . . chaque. 9 »
5° SÉRIE. — Fantaisies, airs variés pour piano seul. . . . . » »

Collection complète des Trios, Quatuors et Quintettes pour instruments à cordes, net. 40 fr.

NOUVELLE & SEULE ÉDITION COMPLÈTE

des Œuvres pour le Piano de

BEETHOVEN

SEULE ÉDITION AUTHENTIQUE, SOIGNEUSEMENT REVUE PAR **J. ROSENHAIN**, ET ENTIÈREMENT CONFORME
A L'ÉDITION ORIGINALE

16 volumes brochés, prix net : 120 fr.

Les œuvres concertantes sont publiées en partition et en parties séparées. — Sur papier
vélin, avec le portrait de l'auteur

LES **CONCERTOS** ARRANGÉS POUR PIANO SEUL PAR **MOSCHELÈS**, FORMANT UNE SÉRIE A PART,
1 VOL, BROCHÉ, NET : 25 FR.

Collection complète de ses **SONATES** pour piano seul.. . . . . net. 40 »
    —   —   —   avec accompagnement,net. 40 »
    —   **TRIOS**   —   violon et violoncelle. . . . 40 »

Collection complète de ses Trios, Quatuors et Quintettes pour instruments à cordes

Cinq volumes cartonnés. — Prix : 50 fr. net.

F. Schubert. — Trente mélodies transcrites pour piano seul, par *Stephen Heller*,
en deux séries :

Première série.		
Adieu.	Éloge des larmes.	Impatience.
Les Astres.	La jeune Religieuse.	Bonjour.
La Berceuse.	Marguerite.	Le Départ.
Jeune Fille et la Mort.	La Poste.	Le Voyageur.
La jeune Mère.	Le Roi des Aulnes.	La Truite.
Rosemonde.		Mes seules amours.
La Sérénade.	*Deuxième série.*	Le Pêcheur.
Ave Maria.	Chasseur des Alpes.	Chanson des Chasseurs.
La Barcarolle.	Tu es le repos.	L'Écho.
Cloche des agonisants.	Dans le Bosquet.	Désir de voyager.
	Plaintes de jeune fille.	Mes Rêves sont finis.

Prix de chaque numéro : 4 fr. 50 c.

RÉPERTOIRE DE MUSIQUE CLASSIQUE POUR LE PIANO

PREMIER VOLUME IN-8°.

Mendelssohn-Bartholdy. — Collection complète des romances sans paroles,
revue par *Stephen Heller*, réunies en un volume in-8° (42 romances sans
paroles), 2e édition, net. . . . . 10 »

Doux souvenir.	Contemplation.	L'Étoile du soir.
Regrets.	Sans repos.	Bonheur perdu.
La Chasse.	Consolation.	La harpe du Poète.
Confiance.	L'Égarée.	Espoir.
Inquiétude.	Le Ruisseau.	Appassionato.
1re barcarolle.	2e barcarolle.	Duetto.

Sur la plage.	Marche funèbre.	La plainte du Pâtre.
Le Nuage.	Chant du matin.	Sérénade.
Presto agitato.	3e barcarolle.	Rêverie.
Tristesse de l'âme.	Chanson du printemps.	Les Adieux.
Chant triomphal.	Méditation.	Délire.
La Fuite.	Illusions perdues.	Elégie.
Brise de mai.	Chant du Pèlerin.	Le Retour.
Le Départ.	La Fileuse.	Chant du Voyageur.

RÉPERTOIRE DE MUSIQUE MODERNE POUR LE PIANO
LES SUCCÈS UNIVERSELS
Choix des morceaux de piano originaux les plus favoris des auteurs modernes

PREMIER VOLUME IN-8°.

1. Chopin. Op. 18. Grande valse brillante.
2. Dœhler. Op. 39. Tarentelle brillante.
3. Dreyschock. Op. 16. Bluette musicale
4. Gerville. Op. 2. Le Bengali au réveil.
5. Goria. Op. 88. Sérénade, caprice de genre.
6. Heller (Stephen). Op. 29. La Chasse, étude.
7. Herz (H.). Op. 74. Rondo suisse.
8. Kalkbrenner. Ajax, étude.
9. Kruger (W.). Loreley, mélodie allemande.
10. Leybach. Op. 19. Ballade.
11. Liszt. Mazeppa, étude.
12. Litolff. Polka caractéristique.
13. Mathias (G.). Op. 2. Marche croate.
14. Mendelssohn. La Fileuse, romance sans paroles.
15. Prudent. Op. 53. Adieu, printemps.
16. Rosenhain. Op. 31. Lutte intérieure.
17. Schumann. Op. 8. Deux mazurkas.
18. Stamaty. Op. 31. Souffle du printemps.
19. Thalberg. Thème et étude en *la* mineur.
20. Wolff (Ed.). Op. 95. La mélancolie.

DEUXIÈME VOLUME IN-8°.

1. Alkan. Op. 32. Fantasietta alla moresca
2. Blumenthal. Op. 1. La source, caprice.
3. Chopin Op. 10. Deux études.
4. Czerny. Op. 754. Tarentelle.
5. Dœhler. Op. 42. Deux études.
6. Favarger. Op. 42. Caliban, grande valse.
7. Goria. Op. 41. Grande mazurka.
8. Heller (Stephen). Op. 56. Sérénade.
9. Henselt. Poëme d'amour.
10. Herz (H.). Op. 143. Mazurka.
11. Jaell. Le Carillon, morceau élégant.
12. Lacombe. Op. 54. Marche turque.
13. Leschetizky. Chant du soir, idylle.
14. Litolff. Chanson du rouet.
15. Liszt. Deuxième marche hongroise.
16. Mendelssohn. Presto scherzando.
17. Moschelès. Op. 95. Trois études.
18. Prudent. Op. 33. Farandole.
19. Thalberg. Op. 35. Le Tremolo.
20. Voss. Op. 161. Ecume de Champagne.

Chaque volume in-8°. (Sera continué.) Net. 10 fr.

UN VOLUME INÉDIT, FORMAT IN-8, CONTENANT

QUARANTE MÉLODIES A UNE OU A PLUSIEURS VOIX
COMPOSÉES PAR
MEYERBEER
Et arrangées pour le PIANO SEUL par Amédée Néreaux.

Chant de Mai.	Rachel à Nephtali.	C'est elle.
Seul.	Première amie.	Guide au bord ta nacelle.

Nella.
Le Moine.
Jardin du cœur.
Sirocco.
La Mère Grand.
Ballade de la reine Mar-
    guerite de Valois.
Mina.
Chant des moissonneurs
    vendéens.
Sérénade.
Elle et moi.
La Barque légère.

Le Trappiste.
Les Souvenirs.
Sur le Balcon.
Délire.
A une jeune mère.
Le Poëte mourant.
La Fille de l'air.
Fantaisie.
La Chanson de maître
    Floh.
La Folle de St - Joseph.
Au Tombeau de Bee-
    thoven.

Suleika.
Le Baptême.
Sicilienne.
Prière d'enfants.
Vœu pendant l'orage.
Printemps caché.
Le Pénitent.
Marguerite.
La Dame invisible.
Feuilles de roses.
Chant du dimanche.
Le Ranz des vaches d'Ap-
    penzell.

OEUVRES COMPLÈTES POUR LE PIANO
DE
FRÉDÉRIC CHOPIN
Édition authentique publiée d'après les épreuves corrigées par l'auteur lui-même

LES PRINCIPAUX MORCEAUX POUR LE PIANO

Composés par *Ascher, Alkan, Badarzewska, Paul Bernard, Bertini, Beyer, Béné-
dict, Billet, Blumenthal, Brinley-Richards, Burgmuller, Brisson, Chopin, Cramer,
Clementi, Croisez, Czerny, Dœhler, Dreyschock, Dusseck, Duvetnoy, Favarger,
Field, Fumagalli, Gerville, Goria, Stephen Heller, Hensell, J. Herz, H. Herz, Hess,
Hiller, Hummel, Hunten, Jaëll, Kalkbrenner, Ketterer, Kontski, Kruger, Kullack,
Lecarpentier, Leduc, Lemoine, Leybach, Liszt, Litolff, Lysberg, Magnus, Marmon-
tel, Mathias, Mendelssohn, Méreaux, L. de Meyer, Moscheles, Osborne, Pfeiffer,
Pleyel, Prudent, Redler, Rosellen, Rosenhain, Rubinstein, Rummel, Satter, Schoen,
Schunke, Sowinski, Stamaty, Strakosch, Talexy, Taubert, Tedesco, Thalberg, Vali-
quet, Vincent, Ch. Voss, Ed. Wolff, Ch. Wehle, Wallace, J.-M. Wehli, Willmers.*

MORCEAUX DE PIANO
RÉCEMMENT PUBLIÉS

Adler (Vincent). — Tarentelle	7 50
Ascher. — Illustration de *Martha*, opéra de Flotow	9 »
— Illustration du *Pardon de Ploërmel*	9 »
— Op. 81. Illustration de *Robert le Diable*	9 »
Badarzewska. — Prière d'une vierge	5 »
— La même simplifiée	3 »
— Douce rêverie	4 »
— Souvenir de ma chaumière	5 »
— Mazurka	5 »
Battmann. Op. 204. — Mosaïque sur *Martha*, facile	6 »

Billet (A). — Op. 72. Le soir au bord du lac, nocturne, ... 9 »
Brinley-Richards. — Op. 39. *Cujus animam*, transcription du *Stabat* de Rossini, 7 50
—   *Quis est homo,*   id. . . . . . . 6 »
—   *Pro peccatis,*   id. . . . . . . 6 »
— Hymne des vêpres. 7 50
— La Czarina, mazurka de salon. 7 50
Bernard (P.). Op. 62. — Transcription du *Pardon de Ploërmel*. . . . . 6 »
— Op. 55. La Charité, chœur de Rossini, transcription, ... 6 »
— Op. 58. La Foi,   id. . . . . . . 6 »
— Op. 62. L'Espérance, id. . . . . 6 »
— Op. 59. Fantaisie-transcription sur *Moïse*. . . . . 9 »
Blumenthal (J.). Op. 47. Chanson napolitaine populaire, transcription, . . . 9 »
— Op. 48. Le départ du vaisseau, fantaisie, ... 9 »
— Op. 49. Chanson populaire de Capri, transcription. 7 50
— Op. 50. Une Nuit sur le lac Majeur, rêverie. 7 50
— Op. 51. N° 1. Le Chant du Cygne, mélodie plaintive, ... 5 »
—   N° 2. Une Fleur des Alpes, mélodie. 7 50
— Op. 52. L'Étoile du soir, 3e valse. . . . . 6 »
— Op. 53. Marche du Vainqueur. 7 50
Burgmuller. — Grande valse sur le *Pardon de Ploërmel*. . . . . . . 6 »
— Valse de salon de l'*Etoile de Messine*. . . . . 6 »
— Valse dialoguée sur *Lischen et Fritzchen*. . . . . 6 »
Favarger. — Op. 41. L'Escarpolette, morceau de salon. 7 50
— Op. 42. Caliban, grande valse de salon. 7 50
— Op. 43. Le *comte Ory*, fantaisie. . . . . 9 »
— Op. 44. *Martha*, fantaisie-transcription. . . . . 9 »
— Op. 45. Les *Huguenots*, fantaisie, ... 9 »
— La Mer calme. 7 50
— Fantaisie sur le *Domino noir*, ... 9 »
— Fantaisie sur *Stradella*. . . . . 9 »
— Fantaisie sur la *Muette de Portici*. . . . . 9 »
— *Yvonne*, polka-mazurka. . . . . 6 »
Garreau. — Adagio de Spohr, extrait de son grand duo concertant pour
    piano et violon. Op. 96, transcrit pour piano. . . . . . . 6 »
Gerville (L.-P.). — Op. 38. Caprice élégant. 7 50
— Op. 39. Saphir, galop de bravoure. . . . . 5 »
— Op. 40. La Coquette, polka . . . . 5 »
— Op. 52. Danse catalane. . . . . 6 »
— Op. 77. Prière à Marie, harmonie religieuse. . . . . 5 »
— Les Heures de tristesse, 2 ballades, chaque. . . . . 5 »
— Rêverie de jeune fille. . . . . 6 »
— Op. 93. Les Courses de Mantes, grand galop de bravoure. . . . . 6 »
Gorla. — Op. 71. Grand caprice de concert sur l'*Etoile du Nord* . . . . 9 »
— Op. 88. La Sérénade, caprice de genre. 7 50
— Op. 89. Réminiscences de *Martha*. 7 50
— Op. 95. Fantaisie dramatique sur le *Pardon de Ploërmel*, ... 7 50
— Don Juan, fantaisie de concert, *œuvre posthume* . . . . . . 9 »
Graever (J.). — Le Réveil du printemps. . . . . 4 »
— Ronde des Fantômes. . . . . 4 »
Heller (Stéphen). — Op. 94. Tableau de genre. . . . . 9 »
— Op. 98. Improvisation sur une mélodie de R. Schumann. 7 50
— Op. 101. Rêverie d'un promeneur solitaire, J.-J. Rousseau. . . . . 9 »
— Op. 102. Morceau de chasse. . . . . 9 »
— Op. 109. Feuilles d'automne. . . . . 9 »
Herz (H.). — Op. 181. Fantaisie brillante sur *Don Juan*, ... 9 »
— Op. 185. Fantaisie sur le *Prophète*. . . . . 9 »
Hess. — Op. 54. Rêverie sur le *Pardon de Ploërmel*, ... 5 »
— Caprice sur *Stradella*, ... 7 50

Prudent. — Andante de Mozart, transcription. . . . . 6 »
Satter (G.). — Op. 1. Grande paraphrase de concert sur le *Prophete*. . . . . 9 »
   — Op. 2. Paris, grand galop de concert. . . . . 9 »
   — Op. 5. Galop fantastique. 7 50
   — Op. 18. Les belles de New-York, valse. 7 50
Schoen (F.). — Op. 1. Berceuse. . . . . 6 »
   — Op. 2. Souvenir de Berlin, mazurka. . . . . 6 »
Talexy. — Polka-mazurka de salon sur *Maria*. . . . . 5 »
   — Une fille d'Ève, polka-mazurka. . . . . 6 »
Tedesco. — Op. 75. Grand galop. 7 50
   — Op. 81. Scène de carnaval. 7 50
   — Op. 83. Vive la Bohême, airs nationaux. 7 50
   — Op. 85. Souvenir de Jassy, mazurka. . . . . 6 »
   — Op. 95. N° 1. Près d'un berceau. . . . . 4 »
   —   — N° 2. Chant bucolique. 5 »
   —   — N° 3. Marche de nuit. 5 »
Tonel (L.) — Op. 26. Pendant la valse. . . . . 5 »
   — Op. 27. La coupe en main. . . . . 6 »
   — Op. 28. Vision. . . . . 4 »
Vincent (A.). — Op. 4. Portrait charmant, romance, transcription. . . . . . 5 »
   — Pauvre Jacques, romance, transcription. . . . . 5 »
   — Op. 7. Dolorès, polka-mazurka. 5 »
   — Op. 8. Die Thrane (la Larme), mélodie de Kücken, transcription. . . 5 »
   — Op. 9. Je suis Lindor, de Paesiello, transcription. . . . . 5 »
   — Le *Pardon de Ploërmel*, transcription. 7 50
   — Op. 11. *Orphée*, de Gluck, 2 transcriptions. . . . . 5 »
Voss (Ch.). — Op. 182. Sans souci, impromptu. . . . . 5 »
   — Op. 183. Songes dorés, caprice. . . . . 6 »
   — Op. 184. Extase, grande étude. 4 »
Wehle (Ch.). — Op. 51. Brindisi, chant des buveurs. . . . . 5 »
Welbl (J.-M.). — Op. 5. Le Papillon, bluette. . . . . 6 »
   — Op. 15. Romance sans paroles. 7 50
   — Op. 16. Galop de bravoure. 7 50
Wolfart. — Chanson à boire et romance des *Bavards*, transcription. . . . . 5 »
   — *Di jiogia insolita*, transcription du morceau favori d'Adelina Patti. . 6 »
Wolff. — Op. 234. Mathilde, valse-caprice. 7 50
   — Op. 235. Ida, valse-caprice. 7 50
   — Op. 251. Duo élégant sur les *Bavards*. . . . . 9 »

COLLECTIONS DE MORCEAUX DE PIANO

FACILES ET DE MOYENNE FORCE.

FRÉD. BURGMULLER

Les Étincelles

Douze mélodies, fantaisies, variations et rondos, en 4 suites, chaque, 9 fr.; chaque numéro séparément : 1 fr. 50 c.

1re suite : 1. Cavatine de la *Cenerentola*.
         2. Air suédois.
         3. Air napolitain.
2e suite : 4. Valse sur l'*Etoile du Nord*.
         5. Un premier amour, redowa variée.

       6. La Danse des esprits.
3e suite : 7. Cavatine de Bellini, fantaisie.
         8. Rondo militaire.
         9. *Bella napoli*, air national varié.
4e suite : 10. Fantaisie sur un air russe.
         11. Valse sur le *Nabab*.
         12. Aux bords du Rhin, air allemand.

Les mêmes, arrangées à quatre mains.

FRÉD. BURGMULLER
Fleurs mélodiques

Douze morceaux faciles et brillants en 4 suites, chaque : 7 fr. 50 ; chaque numéro séparément : 3 fr. 75 c.

1re suite : 1. Cavatine de la Niobé.
2. Barcarolle de Bellini.
3. Rondino, valse.
2e suite : 4. Fantaisie sur la marche du Crociato.

5. Tarentelle.
6. Variation sur un thème de Bellini.
3e suite : 7. Rondo sur un air suisse.
8. Valse favorite.
9. Fantaisie sur la Straniera.
4e suite : 10. Rondo s. un thème écossais
11. Souvenir d'Écosse, fantais.
12. Rondino sur un thème de Donizetti.

Les mêmes, arrangés à quatre mains.

LA MOISSON D'OR
25 PETITS MORCEAUX TRÈS-FACILES
soigneusement doigtés et sans octaves, composés sur les plus jolis motifs des opéras célèbres

PAR H. VALIQUET

POUR LE PIANO

25 numéros en cinq Séries

Chaque numéro : 2 fr. 50 c. — Chaque série : 9 fr. — L'ouvrage complet : 10 fr. net.

1re SÉRIE
1. Les Huguenots.
2. La Poupée de Nuremberg.
3. L'Ambassadrice.
4. Le Comte Ory.
5. La Fiancée.

2e SÉRIE
1. La Muette de Portici.
2. Le Pardon de Ploërmel.

3. Le Postillon de Longjumeau.
4. Joconde.
5. Les Diamants de la Couronne.

3e SÉRIE
1. Guillaume Tell.
2. Haydée.
3. L'Étoile du Nord.
4. Les Pantins de Violette.
5. La Part du Diable.

4e SÉRIE
1. Marta.
2. Fra Diavolo.
3. Le Prophète.
4. Guido et Ginevra.
5. La Sirène.

5e SÉRIE
1. Les Dragons de Villars.
2. Giralda.
3. Le Domino noir.
4. Robert le Diable.
5. Les deux Aveugles.

Les mêmes morceaux, arrangés pour le piano à quatre mains, chaque numéro : 9 francs.

H. CRAMER
Fleurs des Opéras
PREMIÈRE COLLECTION
Mélanges.

1. Fra Diavolo.
2. Les Diamants de la couronne.
3. La Part du Diable (1er mélange.)
4. La Muette de Portici.
5. La Sirène.
6. Guillaume Tell.
7. Moïse.
8. Le Domino noir.
9. La Gazza ladra.
10. La Part du Diable. (2e mélange.)
11. Haydée.
12. Le Siége de Corinthe.

DEUXIÈME COLLECTION.
Fantaisies.

1. Le Barbier de Séville.
2. Martha.
3. Guido et Ginevra.
4. Les Huguenots.
5. Robert le Diable. (Air de Grâce.)
6. Oberon.
7. L'Étoile du Nord.
8. Le Prophète, n° 1.
9. Le Prophète, n° 2.
10. Robert le Diable.
11. La Somnambule.
12. Le Postillon de Longjumeau.

Chaque numéro : 7 fr. 50.

J. RUMMEL
Échos des Opéras
Fantaisies faciles
SUR

1. Fra Diavolo.
2. Guillaume Tell.
3. Le Comte Ory.
4. Le Domino noir.
5. Les Diamants de la Couronne.
6. La Muette de Portici.
7. Robert le Diable.
8. Le Pardon de Ploërmel.
9. Les dragons de Villars.
10. Martha.
11. Stradella.
12. Le Postillon de Longjumeau.
Chaque numéro : 7 fr. 50 c.

F. KELLER
Les Vacances
12 compositions originales et faciles.

1. Valse gracieuse.
2. Maria, polka.
3. Souvenir de Baden.
4. Valse instrumentale.
5. Souvenir de Séville.
6. La belle fleur, valse.
7. Nocturne.
8. Tyrolienne.
9. Rondo.
10. Promenade.
11. Dernier plaisir, rondo.
12. Marche de la rentrée.
Chaque numéro : 4 fr. Réunies : 30 fr.

ÉDOUARD WOLFF
Les deux amies et les jeunes pensionnaires

Recueil de morceaux faciles pour le piano quatre mains, à l'usage des pensionnats, divisé en 18 livraisons.

1. Divertissement sur *Robert le Diable*.
2. Rondo original.
3. Rondino sur les *Huguenots*.
4. Fantaisie sur *Martha*.
5. Divertissement sur *Oberon*.
6. Fantaisie sur *Preciosa*.
7. Valse originale.
8. Fantaisie sur *Beatrice di Tenda*.
9. Fantaisie sur *Stradella*.
10. Mazurka.
11. Air des *Puritains*.
12. Mosaïque de la *Sonnambula*.

———

1. La Muette de Portici.
2. Le Pardon de Ploërmel.
3. Le Comte Ory.
4. L'Ambassadrice.

5. Guillaume Tell.
6. Fra Diavolo.
Chaque numéro : 6 francs.

ÉDOUARD WOLFF
Le Jeune pianiste
Ouvrage élémentaire et progressif, six volumes divisés en 36 livraisons.

1er volume. — Le Petit Poucet : Op. 123.
1. *Richard Cœur de Lion*, *le Désert*, *Robert le Diable*, *Martha*.
2. *Robin des Bois*, *Norma*, *le Carnaval de Venise*, *Guido et Ginevra*.
3. *Les Huguenots*, *le Barbier de Séville*.
4. Polka. Valse allemande originale.
5. Dernière pensée de *Weber*. *Fra Diavolo*.
6. *Le Prophète*, *Norma*.

2e volume. — Le Chaperon rouge : Op. 124.
1. Mosaïque de *l'Elisire d'Amore*.
2. *Le Pardon de Ploërmel*, *le Domino noir*, *le Roman d'Elvire*.
3. Maria, rondo-valse de salon.
4. Mosaïque du *Templario*.
5. Polka de Strauss. Ariette des *Huguenots*.
6. Air viennois. Rondino de *Guillaume Tell*.

3e volume. — Le Chat botté : Op. 125.
1. Air allemand varié.
2. Rondino sur une polka originale.
3. Fantaisie mignonne sur *la Vestale*.
4. Mosaïque de *Guido et Ginevra*.
5. Petite fantaisie sur *la Sonnambula*.
6. Valse de *Preciosa*. L'heureux gondolier.

4e volume. — Cendrillon : Op. 126.
1. Fantaisie sur *Beatrice di Tenda*.
2. Prière d'*Otello*, de Rossini.
3. Rondo sur une mélodie de Meyerbeer.
4. Air russe varié.
5. Marche de *Moïse*, de Rossini.
6. Fantaisie sur *le Crociato*, de Meyerbeer.

5e volume. — La Biche au bois : Op. 127.
1. Le Désert, mélodie arabe variée.
2. Polonaise favorite des *Puritains*.
3. Divertissement sur *les Dragons de Villars*.
4. Saltarelle de Félicien David.
5. Valse brillante de Strauss, variée.
6. Fantaisie sur *Adelia* de Donizetti.

6e volume. — Peau d'âne : Op. 128.
1. Variations brillantes sur *la Niobé*.
2. Nocturne sur *la Berceuse* de Vivier.
3. Divertissement militaire.
4. Fantaisie sur *l'Étoile du Nord*.

5. Petit caprice sur *la Poste* de Schubert.
6. Thème original de Thalberg, varié.

Chaque volume : 18 francs.
Chaque numéro : 4 fr. 50.

F. BEYER

Bouquets de mélodies

Mosaïque sur des thèmes d'opéras.

Robert le Diable. . . . . 6 »
Oberon. . . . . 5 »
Guillaume Tell. 7 50
Le Prophète. 7 50
Les Huguenots. 7 50
L'Étoile du Nord. . . . . . . 6 »

Martha. . . . . 6 »
Le Pardon de Ploërmel. . . . . . 6 »

J. RUMMEL

Souvenirs de l'Opéra français, choix de duos faciles pour le piano à quatre mains sur les plus célèbres opéras :

1. Robert le Diable.
2. Le Domino noir.
3. Les Dragons de Villars.
4. Le Prophète.
5. Marta.
6. La Muette de Portici.
7. Les Huguenots.
8. Le Postillon de Longjumeau.
9. Stradella.
10. L'Étoile du Nord.

Prix de chaque numéro. . . . . 6 »

LES FLEURS DE LA DANSE

25 *Valses, Polkas, Quadrilles Galops, Polkas-Mazurkas, Schottisch, Mazurkas, Redowas*

PAR **H. VALIQUET**

les plus favoris de Arban, Hujog, Labitzki, Lambye, Musard, Offenbach Strauss, Talinga, etc.

Arrangés pour les petites mains et soigneusement doigtés

Chaque série : 2 fr. — Les cinq séries réunies, net : 15 fr. — Chaque numéro : 3 fr. Le Quadrille : 4 fr. 50.

1re SÉRIE
1. Bœufs et Moutons. . . . *Quadrille.*
2. Pardon de Ploërmel. . . . *Valse.*
3. Coucou et Cricri. . . . . *Polka.*
4. Sturm-marsh. . . . . . . *Galop.*
5. Diane. . . . . *Polka-Maz.*

2e SÉRIE
6. Les Tambours de la Garde. *Quadrille.*
7. Les Bavards. . . . . . . *Valse.*
8. Polka des Enfants. . . . *Polka.*
9. Rose de Juin. . . . . . *Polka-Maz.*
10. Redowatska. . . . . *Redowa-Polka.*

3e SÉRIE
11. Les Dragons de Villars. *Quadrille.*
12. Les Chants du Danube. . . *Valse.*

13. Jenny Lind. . . . . . . *Polka.*
14. Le Trompette de Spahis. *Schottish.*
15. Express-Train. . . . . . *Galop.*

4e SÉRIE
16. Les Lanciers. . . . . . *Quadrille.*
17. Aurora. . . . . *Valse.*
18. Les Horloges de la Forêt-Noire. *Polka.*
19. La Bergère des Alpes. . . *Redowa.*
20. Champagne. . . . . . . *Galop.*

5e SÉRIE
21. Le Gothique. . . . . . *Quadrille.*
22. Les Étoiles du soir. . . . *Valse.*
23. La Ronde du Brésilien. . . *Polka.*
24. Redowa de Wallerstein. . *Redowa.*
25. L'Étoile du Nord. . . . *Polka-Maz.*

CHŒURS POUR VOIX D'HOMMES

SANS ACCOMPAGNEMENT

RÉPERTOIRE DES ORPHÉONS

ET DES

SOCIÉTÉS CHORALES

PREMIÈRE SÉRIE

CHŒURS D'OPÉRAS

1.	AUBER.	Le Lac des Fées.	Chœur des Étudiants	» 75
2.	—	Muette de Portici.	Chœur de la Chapelle	» 50
3.	—		Amour sacré de la patrie	» 50
4.	FLOTOW.	Martha.	Mélodie irlandaise	» 50
5.	GLUCK.	Alceste.	Vivez, aimez	» 75
6.	—	Armide.	Les plaisirs ont choisi pour asile.	» 75
7.	HALÉVY.	Le Nabab.	Couplets du tabac, avec solo.	» 75
8.	MAILLART.	Dragons de Villars	Prière : Soutien de l'innocent	» 50
9.	MEYERBEER.	Les Huguenots.	Couplets des soldats huguenots.	» 50
0.	—	—	Septuor du duel.	1 50
1.	—	Le Prophète.	Appel aux armes.	» 75
2.	—	Robert le Diable.	Chœur des Buveurs	» 75
3.	—	—	Chœur de Moines.	» 75
4.	ROSSINI.	Le Comte Ory.	Chœur et prière	» 75
5.	—	—	Prière.	» 40
6.	—	Guillaume Tell.	Chœur de la conjuration.	» 50
7.	—	—	Chœur des Chasseurs.	» 75
8.	—	—.	Chasse et prière du soir	» 75
0.	—	—	Prière	» 50
0.	—	Robert Bruce.	Chœur bachique avec solo	» 75
1.	WEBER.	Preciosa	Chœur des Bohémiens	1 »

Les 20 chœurs, réunis en un volume in-8 broché, prix : 6 fr. net.

DEUXIÈME SÉRIE

CHŒURS DIVERS

1.	AD. ADAM.	Les Boulangers	1 »
2.	—	Les Fondeurs	1 »
3.	—	Les Garçons de Restaurant	1 »
4.	—	Les Horlogers	1 »
5.	—	Les Canotiers	1 »
6.	—	Les Postillons	1 »
7.	—	L'Enclume	1 »
8.	—	Les Charpentiers	1 »
0.	BEETHOVEN.	Chant des Compagnons	1 50

10. BEETHOVEN. **Chant élégiaque**. 1 50
11. — **Hymne du sacrifice**, avec solo. 1 50
12. CAVALLO. . . **Les Canotiers de Paris**. 1 50
13. ELWART . . . **Salut Impérial**, *God save français*. . . . . » 40
14. — **Marche du Prince Impérial**. . . . . » 40
15. — **Hymne national russe**. . . . . » 25
16. KUCKEN. . . **La fuite des captifs**, chœur avec solo de ténor. . . . . » 50
17. — **Yseult l'impératrice**. . . . . » 50
18. — **Les Veilleurs de nuit**. . . . . » 50
19. LABARRE. . . **La Chasse au tigre**. . . . . » 50
20. — **Les Gondeliers vénitiens**. . . . . » 50
21. WEBER. . . **Avant la bataille**, marziale et andante. . . . . 1 »

Les 20 chœurs, réunis en un volume in-8 broché, prix : 6 fr. net.

Le Chant des Exilés, chœur avec solo de ténor.
Les Joyeux chasseurs, chœur à quatre voix,
À la Patrie ! chœur avec soli,
L'Amitié, quatuor pour voix d'hommes.
Invocation à la terre natale, chœur sur le thème du *God save the King*,
Chant guerrier de Struensée, chœur à quatre voix,
Couplets de la Cavalerie, de *l'Étoile du Nord*, à quatre voix,
Le 91e psaume, motet pour deux chœurs à huit voix.
Adieux aux jeunes Mariés, sérénade pour deux chœurs, à 8 voix.
Prière du matin, pour deux chœurs à huit voix,

COMPOSÉS PAR

GIACOMO MEYERBEER

Chaque partition, net : 1 fr. 50. — Les parties séparées : 20 centimes.

OUVRAGES THÉORIQUES

DEUXIÈME ÉDITION REVUE ET PERFECTIONNÉE

MANUEL DES PRINCIPES DE MUSIQUE

À l'usage des Professeurs et des Élèves de toutes les écoles de musique
particulièrement des Écoles primaires

PAR J.-F. FÉTIS

Maître de chapelle du roi des Belges, directeur du Conservatoire de musique de Bruxelles

Format in-8. — Prix net : 2 fr. 50

OUVRAGES DE M. FÉTIS PUBLIÉS PAR LES MÊMES ÉDITEURS

Traité complet de la théorie et de la pratique de l'harmonie, 8e édition, stéréo-
typée, revue, corrigée et augmentée d'une préface philosophique et
de notes. . . . . net. 12 »

Traité du contre-point et de la fugue, nouvelle édition revue, corrigée et augmentée d'un grand nombre d'exemples. . . . . net. 40 »

Traité d'accompagnement de la partition sur le piano et l'orgue . . . . . net. 25 »

Manuel des compositeurs, directeurs de musique, chefs d'orchestre et de musique militaire, ou Traité méthodique de l'harmonie, des instruments, des voix, et tout ce qui est relatif à la composition, à la direction et à l'exécution de la musique. . . . . net. 10 »

Traité du chant en chœur, rédigé pour l'usage des directeurs d'écoles de musique, des chefs de chœurs d'églises, de théâtres, de concerts, des maîtres de pensionnats et des institutions d'écoles primaires et de charité. . . . . net. 12 »

Beethoven. — Études, ou Traité d'harmonie et de composition, traduites de l'allemand et accompagnées de notes critiques, d'une préface et de la vie de Beethoven, par FÉTIS, 2 vol. in-8°, ornés du portrait de Beethoven, de son monument funèbre, et du premier essai d'Adélaïde, formant *fac-simile*, chaque. . . . . net. 15 »

Biographie universelle des Musiciens, et Bibliographie générale de la musique, 2e édition, entièrement refondue et augmentée de plus de moitié, 8 vol. in-8° de 500 pages, chaque volume. . . . . net. 8 »

ÉCOLE DE CHANT DE H. PANOFKA

Abécédaire vocal, méthode préparatoire de chant pour apprendre à émettre et à poser la voix, format in-8°. . . . . net. 3 »

Le même ouvrage traduit en espagnol, sous le titre **Abecedario vocal.** Metodo preparatorio para el canto y para enseñar à emitir y asegurar la voz. . . . . net. 4 »

Vingt-quatre vocalises progressives pour toutes les voix (la voix de basse exceptée), dans l'étendue d'une octave et demie (du DO au FA), opéra 85. . . . . net. 25 »

L'art de chanter, nouvelle méthode de chant, opéra 81.

Méthode complète pour soprano, mezzo soprano ou ténor. 40
Méthode complète pour contralto, baryton ou basse. 40

PUBLIÉ SÉPARÉMENT :

Vingt-quatre vocalises pour soprano, mezzo soprano ou ténor. . . . 25 »
Vingt-quatre vocalises pour contralto, baryton ou basse. . . . . . . 25 »
Vade-Mecum du Chanteur, recueil d'Exercices d'agilité, de port de voix, de filé, etc., pour toutes les voix. 20

12 vocalises à deux voix, soprano & contralto, opéra 83, publiées par Jefferys, à Londres. . . . .

12 vocalises d'artistes pour soprano & mezzo soprano, opéra 86 (Style et exécution). . . . .

LA
LYRE FRANÇAISE

Choix d'Airs d'Opéras, Duos, Romances, etc., sans accompagnement, des meilleurs Auteurs anciens et modernes

ÉDITION POPULAIRE

Prix de chaque numéro : 25 centimes

REVUE
ET
GAZETTE MUSICALE DE PARIS

1865. — 32ᵉ ANNÉE

52 NUMÉROS PAR AN

Prix d'abonnement : Paris, un an, 24 fr. — Départements, Belgique et Suisse, 30 fr. Étranger, 34 fr. Les Abonnés reçoivent tous les mois un morceau de chant ou de Piano.

Ce journal n'a besoin ni de prospectus ni de profession de foi : la date de sa création l'en dispense.

A l'honneur d'avoir fondé la presse musicale en France, il joint celui d'en avoir toujours occupé le premier rang. Il fait marcher de front l'histoire contemporaine de la musique, dont il ne néglige aucun détail, et son histoire ancienne, dont il examine, approfondit, éclaircit toutes les questions. De là vient que les artistes, les savants et les gens du monde trouvent dans sa lecture un égal intérêt.

Ce n'est pas seulement en Europe que la *Revue et Gazette musicale* est connue et estimée : elle compte des abonnés dans toutes les parties du monde, partout où il existe un artiste ou un amateur. Ses correspondances ne cessent de s'étendre et de devenir plus que jamais actives.

Tous les journaux qui se publient soit en France, soit à l'étranger, empruntent à la *Revue et Gazette musicale*, ses nouvelles, ses jugements, ses théories, et c'est le plus bel hommage qu'ils puissent lui rendre : c'est la meilleure preuve de la confiance générale en ses lumières, son exactitude et son impartialité.

PRIMES 1864-1865 offertes aux Abonnés de la REVUE ET GAZETTE MUSICALE, à l'occasion du renouvellement de l'année 1865 et de la 32ᵉ année de son existence : un magnifique portrait lithographié de G. MEYERBEER, dessiné par Desmaisons avec encadrement de Barbizet, tiré sur papier vélin, grand format.

249. — PARIS. — IMPRIMERIE DE POUPART-DAVAL ET COMP., RUE DU LAC, 5

EXTRAIT DU CATALOGUE

LIBRAIRIE INTERNATIONALE

Boulevard Montmartre, 15, au coin de la rue Vivienne

A. LACROIX, VERBOECKHOVEN ET Cie

ÉDITEURS

à Bruxelles, à Leipzig et à Livourne

MAISON DE COMMISSION

JANVIER 1865

Les Ouvrages annoncés sur ce Catalogue
sont expédiés *franco* contre
envoi du prix en un mandat sur la poste
ou en timbres-poste.

PARIS

15, BOULEVARD MONTMARTRE, 15

AU COIN DE LA RUE VIVIENNE

Ce Catalogue annule les précédents

HISTOIRE
COLLECTION DES GRANDS HISTORIENS CONTEMPORAINS ÉTRANGERS.
FORMAT IN-8 A 5 FR. LE VOLUME.

Rodenbach (C.). — Épisodes de la révolution dans les Flandres. 1 vol.
in-18 . . . .   1 »
Schayes (A.-G.-B.). — Les Pays-Bas avant et durant la domination ro-
maie. 2 vol. in-8 . . . . 10 »
Sosset (J.). — Biographies à l'usage des écoles moyennes. Première
partie destinée à la première année d'études. 2e édition. 1 vol. in-12 . 1 »
— Deuxième partie, 2e édition, destinée à la deuxième année d'études 1 »
Van Bruyssel (E.). — Histoire politique de l'Escaut. 1 vol. Charpentier. 2 50
— Histoire du Commerce et de la marine en Belgique. 3 vol. in-8.
6 fr. le volume.
Vandervynct. — Histoire des troubles des Pays-Bas sous Philipppe II.
4 vol. in-8 . . . . 10 »
Van Halen (Don Juan). — Mémoires. 2 vol. in-8 . . . .   6 »
— Pour faire suite à ces Mémoires : Les quatre Journées de Bruxelles.
1 vol. in-8 . . . .   1 »
Villiaumé (N.) — Histoire de la Révolution française (1789), nouvelle édi-
tion revue et augmentée de documents inédits et inconnus. 3 vol. in-8. 15 »
— Histoire de Jeanne Darc et réfutation des diverses erreurs pu-
bliées jusqu'aujourd'hui. 3e édition. 1 vol. in-8. . . . .   7 50
Weber (Georges). — Histoire universelle. Traduit de l'allemand sur la
9e édition, par Jules Guilliaume. 10 vol. in-12.
— Peuples orientaux, 1 vol. in-12. . . . .   2 »
— Histoire grecque. 1 vol. 3 50
— Histoire romaine. 1 vol. 3 50
— Histoire du moyen âge. 2 vol. . . . .   7 »
White (Charles). — Révolution belge de 1830. 3 vol. in-18 . . . . . .   3 »
Wouters. — Histoire chronologique de la République et de l'Empire
(1789 à 1815), suivie des Annales napoléoniennes depuis 1815. 1 vol.
in-8, cartes et plans. . . . . 10 »

PHILOSOPHIE & RELIGION

Brigham (Amariah). — Remarques sur l'influence de la culture de
l'esprit et de l'excitation mentale sur la santé. 1 vol. in-18 . . . . .   1 »
Brougham (lord Henri). — Discours sur la théologie naturelle, indiquant
la nature de son évidence et les avantages de son étude; traduit de
l'anglais. 1 vol. in 18. . . . .   1 »
Crets (M.). — Un Visionnaire humanitaire, ou Essai de la position du
problème humain. 1 vol. in-18 . . . .   3 »
Feuerbach. — La Religion. Traduction de Joseph Roy. . . . .   5 »
— Essence du Christianisme. Traduction de Joseph Roy . . . . . .   5 »
D'Héricourt (Mme Jenny-P.)—La femme affranchie, réponse à MM. Miche-
let, Proudhon, E. de Girardin, A. Comte et autres novateurs modernes.
2 vol. Charpentier . . . .   7 »
Gioberti (Vincent). — Essai sur le beau, ou Éléments de philosophie
esthétique; traduit de l'italien par Joseph Bertinatti, docteur en droit.
1 vol. in-8 . . . .   7 »
— Lettres sur les doctrines philosophiques et politiques de M. de
Lamennais. 1 vol. in-18 . . . .   1 50
Gruyer (L.-A.). — De la liberté physique et morale. In-8 . . . .   2 »
— Tablettes philosophiques. 1 vol. in-18 . . . .   1 »
Larroque (Patrice). — Examen critique des doctrines de la religion
chrétienne. 2e édition. 2 vol. in-8 . . . . 15 »
— 3e édition. 2 vol. in-8 (sans annotations) 10
— Rénovation religieuse. 2e édition augmentée. 1 vol. in-8   7
— 3e édit. in-8 (sans annotations). . . . .   5 »
— De l'esclavage chez les nations chrétiennes. 2e édit. 1 vol. in-18 .   2 50

Poulin (P.)—Qu'est-ce que l'homme? Qu'est-ce que Dieu? Solution scientifique du problème religieux. 1 vol. gr. in-18 . . . .   3 50

Renand (P.) — Christianisme et Paganisme. Identité de leurs origines, ou nouvelle symbolique. 1 vol. in-8 . . . .   6 »

Saint-Simon (C.-H. de). — OEuvres choisies, précédées d'un Essai sur sa doctrine, avec portrait et lithographie. 3 vol. Charpentier 10 50

Simon (Jules). — L'École. 1 vol. in-8 . . . .   6 »

Strauss (Docteur David-Frédéric). — Nouvelle Vie de Jésus, traduction de l'allemand par A. Nefftzer et Ch. Dollfus. 2 vol. in-8 . . . . . .   12 »

Stap (A.). — Études historiques et critiques sur les origines du christianisme. 1 vol. format Charp. 3 50

G. Tiberghien, professeur à l'université de Bruxelles. — La Logique : Science de la connaissance. 2 vol. in-8 à 7 fr. 50 le volume.

Volturon (Paul). — Recherches philosophiques sur les principes de la science du Beau. Ouvrage couronné. 2 forts vol. in-8 . . . . .   12 »

— Études philosophiques et littéraires sur les Misérables. 1 vol. in-12   2 »

VOYAGES

Bædeker.—Paris. Guide pratique du voyageur, accompagné d'un plan général de Paris et de 6 cartes. 1 vol. élégamment cartonné de 240 pages in-18 . . . .   4 »

Barth (Docteur H.). — Voyages et découvertes dans l'Afrique septentrionale et centrale ; traduit de l'allemand par Paul Ithier. 4 beaux et forts vol. in-8, avec carte et grav. . . . .   24 »

Du Bosch (A.-J.). — La Chine contemporaine, d'après les travaux les plus récents ; traduction de l'allemand. 2 vol. Charpentier . . . . .   7 »

Considérant (N.). — Un couronnement à Kœnigsberg ; Stuttgard et Weymar, souvenirs de voyage. 1 vol. in-12 . . . .   1 50

Frœbel (Julius). — A travers l'Amérique ; traduction de l'allemand par Émile Tandel. 3 beaux vol. Charpentier. 10 50

Passmore. — Guide à Londres. — A trip to London. — Guide du voyageur à Londres. — Sous forme de manuel de conversation anglaise et française, servant en même temps à apprendre la langue anglaise. 1 vol. in-32 avec plan de Londres . . . .   5 »

Roelan (Edouard). — Guide de poche. Voyage circulaire. Excursions en Belgique, en France et en Allemagne. De Bruxelles à Bruxelles, par Paris, Nancy, Strasbourg, Baden-Baden, Carlsruhe, Heidelberg, la Bergstrasse, Francfort (Wiesbaden), les bords du Rhin, Mayence, Coblence, Bonn et Cologne, Aix-la-Chapelle et Liége. Excursions à Hombourg, à Wiesbaden, à Ems, à Spa et dans les vallées de la Murg, de l'Ahr, etc., etc. 1 vol. in-32 . . . .   1 »

Biret (Ad.). Manuels du Touriste et du curieux. I. La ville de Gand. 1 vol. in-12, avec plan 2 50

Verhaeghe (L.). — Autour de la Sicile. 1861-1863. 1 vol. in-18. . . . .   2 »

POLITIQUE, DROIT, ÉCONOMIE POLITIQUE ET SCIENCES

Addison. — Épisodes des cours d'assises. 1 vol. in-18 . . . . . .   1 »

Ancillon. — Du juste-milieu, ou des rapprochements des extrêmes dans les opinions. 2 vol. in-18. . . . .   2 »

Animaux domestiques. — Trad. de l'anglais. 1 vol. in-18, orné de gravures   1 »

Animaux sauvages. — Traduit de l'anglais. 1 vol. in-18, orné de gravures .   1 »

Belgique (La) jugée par l'Angleterre, extrait de la « Quarterly Review. » Traduction autorisée. 1 vol. in-12 . . . .   » 75

Bibliothèque du peuple et des écoles. Notions élémentaires d'astronomie, broch. in-18 . . . .   » 30

— Notions préliminaires à l'étude des sciences. . . . .   » 30

Molinari (G. de) — Lettres sur la Russie. 1 vol. format Charpentier de
418 pages . . . .   4 »
— Cours d'économie politique, professé au Musée royal de l'industrie
belge. 2 forts vol. in-8 (2ᵉ édition). . . . . 15 »

Monckhoven. — Traité général de photographie, contenant tous les pro-
cédés connus jusqu'à ce jour, suivi de la théorie de la photographie et
de son application aux sciences d'observation. 4ᵉ édition, entièrement
refondue avec 253 figures intercalées dans le texte. 1 vol. in-8. . . . 10 »

Omalius d'Halloy (J.-J. d') — Abrégé de géologie. Nouvelle édition. In-8
avec nombreuses figures dans le texte. . . . . 10 »

Pessard (H.) et **Duvernoy** (C.). — L'année parlementaire. Première année,
1864. 1 fort vol. in-18 de 400 pages, contenant un résumé historique
des actes du Sénat et du Corps législatif français. 3 50

Philips (Ch.). — Amputation dans la contiguïté des membres. 1 vol. in-8,
avec 16 planches. . . . . 3 »
— Du strabisme. 1 vol. in-18. » 50

Rau (Ch.-H.), — Traité d'économie nationale; traduit de l'allemand par
Fréd. de Kemmeter. 1 vol. in-8. 8 »

Reyntiens (N.). — L'enseignement primaire et professionnel en Angleterre et en Irlande. 1 vol. in-8. . . . . 6 »
— Débats de l'assemblée de Francfort sur les questions de l'Eglise et
de l'Instruction publique. 1 vol. gr. in-8. . . . . 4 »

Rodenbach (Alex.). — Coup d'œil d'un aveugle sur les sourds-muets.
1 vol. in-8. . . . . 2 »

Say (Jean-Baptiste), — Catéchisme d'économie politique. 1 vol. in-18. . 2 »
— Cours complet d'économie politique, augmenté des Mélanges et
correspondance d'Economie politique, de la Bibliographie rai-
sonnée de l'Economie politique, par A. Blanqui, précédé d'une
notice historique sur la vie et les ouvrages de J.-B. Say, par
Charles Comte. 1 gros vol. grand in-8, à 2 colonnes. . . . . 12 »

Sève (Ed.). — Le nord industriel et commercial. 3 vol. in-8. . . . . . 15 »

Thielens (A.). — Flore médicale belge. 1 vol. in-12. . . . . 5 »

Université libre de Bruxelles (L'), — Statuts, discours, rapports, documents divers, programme des études, liste des professeurs, biographie,
bibliographie. 1 fort vol. de 500 pages in-12. . . . . 5 »

Van Bruyssel (Ernest). — Histoire du commerce et de la marine en Belgique. 3 vol. in-8. . . . . 18 ».
— Histoire politique de l'Escaut. 1 vol. Charpentier. 3 50

Van den Broeck. — Hygiène des mineurs et des ouvriers d'usines métal-
lurgiques, suivie de l'exposé des moyens propres à les secourir en
cas d'accident. 1 vol. in-8. . . . . 5 »

Villiaumé (N.), — Nouveau traité d'économie politique. 2ᵉ édition fort
augmentée. 2 vol. in-8. . . . . 15 »
— L'Esprit de la guerre. Principes nouveaux du droit des gens, de la
science militaire et des guerres civiles. 2ᵉ édition, 1 beau volume in-8. . . . . 7 50

Waelbroeck (C.-F.), professeur à l'Université, avocat à la cour d'appel de
Gand. Cours de droit industriel. 3 vol. in-8. . . . . 18 »

LITTÉRATURE & BEAUX-ARTS

Ainsworth (Harrison). — Guy Fawkes, ou la Conspiration des poudres.
2 vol. . . . . 1 »

Andrieux. — Poésies. 1 vol. 1 50
— Épitre au pape. 1 vol. . . . . » 30

Aubertin (G.-H.), — Grammaire moderne des écrivains français. 1 vol.
in-8 compacte. . . . . 6 »

Dora d'Istria (Mme la princesse). — Des Femmes, par une femme. 2 beaux vol. in-8, ... 10 »

Ellerman (Charles-F.) — L'amnistie, ou le duc d'Albe dans les Flandres, trad. de l'anglais. 2 vol. in-12, ... 2 »

Emerson (R.-W.). — Les Représentants de l'humanité. Traduction de l'anglais, par P. de Boulogne. 1 vol. Charpentier, ... 3 50
— Les Lois de la vie. Traduction par Xavier Eyma. 1 vol. Charp. . . . 3 50
— Traits et Caractères, 1 vol. Charpentier. 3 50

Fauche (Hippolyte). — Le Râmâyana, poème sanscrit de Valmiky, 2 vol. Cb. 7 »

Fould (fils). — Enfer des Femmes. 1 vol. in-12, ... 3 50

Fourdrain (aîné). — L'homme aux yeux de bœuf. Drame, 1 vol. . . . 1 »
— Le Médecin. Drame, 1 vol. . . . . 1 »

Ferrier. — La Russie. 1 vol. in-18. . . . . 1 »

Garcin (Mme Eugène). — Léonie, essai d'éducation par le roman, précédée d'une lettre de M. A. de Lamartine, 8e édit. 1 vol. Charpentier. 3 »
— Charlotte. 1 vol. in-12. . . . . 3 50

Gastineau (B.). — Sottises et Scandales du temps présent. 2e édition, revue et augmentée. 1 vol. in-18, ... 2 »

Gatti de Gamond (Mme). — Des devoirs des femmes et des moyens propres à assurer leur bonheur. 1 vol. in-18, ... 1 »
— Esquisses sur les femmes. 2 vol. in-18. . . . . 1 »
— Réalisation d'une commune sociétaire, d'après la théorie de Charles Fourier. 1 vol. in-8. 6 »

Genlis (Mme de). — Mademoiselle de Clermont — Cléomir. 1 vol. . . . » 30
— Laurette et Julia. 1 vol. . . . . » 50

Gœthe. — Faust, tragédie, ornée du portrait de l'auteur. 1 vol. in-18. 3 »

Grattan (Thomas Colley). — L'Héritière de Bruges. 3 vol. . . . . . 9 »

Guénot-Lecointe. — Le Cadet de Bourgogne. 1 vol. . . . . 1 »
— La dernière Croisade. 1 vol. . . . . 1 »

Galerie des femmes de George Sand, ornée de 24 magnifiques portraits sur acier gravés par H. Robinson, d'après les tableaux de M^m Geefs, MM. Charpentier, Lepaulle, Gros-Claude, Giraldon, Lepoitevin, Riard, etc., avec un texte, par le bibliophile Jacob, illustré de vignettes dessinées par MM. Français, Nanteuil, Morel-Fatio, et gravées par Chevin. 1 vol. in-4. . . . . 20 »

Guilliaume (J.). — Struensée, drame en 5 actes et en vers. 1 v. grand in-18. 1 »

Hédouin (A.). — Gœthe. Sa vie, ses œuvres et ses contemporains, . . . 3 50

Heller (Robert). — Un Tremblement de terre. 2 vol. in-32. . . . . . 3 »

Hope. — Histoire de l'architecture; traduit de l'anglais par A. Baron. 2e édit. 1 très-beau vol. in-8, accompagné d'un atlas de 90 pl. grav. 12 »

Humboldt (A. de). — Correspondance avec Varnhagen von Ense et autres contemporains célèbres. Traduit par Max Sulzberger. 1 beau et fort vol. in-12. . . . . 5 »

Hugo (Victor). — Les Misérables. 10 vol. in-8, belle édition de luxe. . 60 »
— Le même ouvrage, en 10 vol. in-12. . . . . 35 »
— William Shakespeare. 1 beau et fort volume in-8. . . . . 7 50

Hugo (Mme Victor). — Victor Hugo raconté par un témoin de sa vie (Mémoires), 6e édit. 2 vol. in-8. . . . . 15 »

Hugo (Charles). — Les Misérables, drame en 2 parties, en 12 tableaux, avec prologue et épilogue. Édition de luxe in-8. . . . . 4 »
— Le même ouvrage, édition in-12. . . . . 2 »

Jacquemont (Victor). — Correspondance avec sa famille et plusieurs de ses amis, pendant son voyage dans l'Inde (1828-1832). 2 vol. in-18. 4 »

Kennedy (Miss Grace). — Décision. 1 vol. in-18. . . . . 1 »
— Jessy Allan la Boiteuse. 1 vol. in-18. . . . . » 50
— Nouvelles protestantes. 2 vol. in-18. . . . . 2 »
— La Parole de Dieu. 1 vol. in-18. . . . . » 50
— Visite d'Andrew Campbell à ses cousins d'Irlande. 1 vol. in-18. . » 50

Moke (H.-G.). — Du sort de la Femme dans les temps anciens et modernes. 1 vol. in-12. . . . . 2 »

Monnard et Genée. — Méditations religieuses, en forme de discours, pour toutes les circonstances et situations de la vie, d'après l'ouvrage allemand intitulé : Stunden der Andacht. 6 vol. in-8. . . . . 45 »

Moreau de la Meltière (Mme Charlotte). — Contes variés et tableaux de mœurs. 2 vol. . . . . 2 »

Noyer (Prosper). — Siméon, ou les Zingaris. Drame. 1 vol. . . . . 1 »

Pecchio. — Causeries d'un exilé sur l'Angleterre. Traduit de l'italien. 1 vol. in-18. . . . . 1 »

Pelletan (Eugène). — La Famille, in-8. — I. La Mère. — II. Le Père. — III. L'Enfant. 3 vol. in-8, chaque volume 5 fr.

Pellico (Silvio). — Mes prisons. Mémoires, précédés d'une introduction biographique de Pietro Maroncelli. Traduction par Léger Noël. 1 vol. in-18 avec cartes et fac-simile. . . . . 1 »

Pfyffer de Neueck. — Esquisses de l'île de Java et de ses divers habitants. 1 vol. in-18. . . . . 1 »

Photographies des Misérables de Victor Hugo, d'après les dessins de G. Brion. Collection complète, 25 sujets à 1 25
Chaque scène ou type se vend séparément.

Pfau (Louis). — Études sur l'Art. 1 vol. in-8. . . . . 5 »

Potvin (C.). — La Belgique, poëme. 1 vol. in-12. . . . . 1 »

— Jacques d'Arteveld, drame historique en 3 actes en vers. Ouvrage couronné. 1 vol. in-18. . . . . 2 »

— Le Roman du Renard, mis en vers d'après les textes originaux, précédé d'une introduction et d'une bibliographie. 1 beau vol. Charpentier. 3 50

Poupart de Wilde (A.). — Anacréon et Sapho, suivis d'autres poésies grecques et latines, traduites en vers. 1 vol. grand in-18. . . . . . . 1 25

Rastoul de Mongeot. — Pétrarque et son siècle. 2 vol. . . . . 2 »

Racine. — Théâtre, 2 vol. ornés de treize vignettes. . . . . 6 »

Reade (Ch.). — Fatal Argent, roman, traduit de l'anglais. 2 vol. in-18. . . 7 »

Reiffenberg (De). — Histoire de l'ordre de la Toison d'or, depuis son origine jusqu'à la cessation des chapitres généraux. 1 vol. petit in-folio, orné de planches coloriées. . . . . 25 »

— Résumé de l'histoire des Pays-Bas. 2 vol. in-18. . . . . 3 »

— Le Dimanche, récits de Marsilius Brunck. 1 vol. in-18. . . . . . . 1 »

— Le Lundi, Nouveaux récits de Marsilius Brunck. 1 vol. in-18. . . » 50

Religieuse (la). Roman en 2 vol. in-8, 10e édit. . . . . 10 »

Royer (Clémence-Aug.). — Les Jumeaux d'Hellas, roman. 2 vol. gr. in-16. 8 »

Saint-Génois (Jules de). — La cour du duc Jean IV. . . . . 2 »

— Hembyse. 3 vol. . . . . 3 »

— Histoire des avoueries en Belgique. 1 vol. in-8. . . . . 1 »

Santo-Domingo. -- Tablettes romaines. 2 vol. . . . . 2 »

Séménow. — Un homme de cœur. 2 vol. in-32. . . . . 2 50

Siret (Adolphe). — Dictionnaire historique des Peintres de toutes les écoles, depuis l'origine de la peinture jusqu'à nos jours. 2e édit. revue et augmentée. 1 vol. in-8 à 2 col., de 1,000 à 1,200 pages. 30 »

— Gloires et misères. 2 vol. . . . . 2 »

Souvenirs d'Italie. 1 vol. in-8. . . . . 2 »

Staël (Mme de). — De l'Allemagne. 3 vol. in-18 . . . . 2 »

— Le même ouvrage. 4 vol. in-32. . . . . 1 »

— Considérations sur les principaux événements de la Révolution française. 3 vol. in-18. . . . . 2 »

— Le même ouvrage. 3 vol. in-8. . . . . 2 »

— Dix années d'exil. 1 vol. in-18. . . . . 1 »

— Le même ouvrage. 1 vol. in-8. . . . . 1 »

— Corinne ou l'Italie. 4 vol. in-32 avec portr. . . . . 4 »

Staël (M⁰ᵉ de) — Essais dramatiques. 1 vol. in-18. . . . .   1 »
  — Le même ouvrage. 1 vol. in-8. . . . .   2 »
  — Littérature. 1 vol. in-8. . . . .   2 »
  — Mélanges. 1 vol. in-8. . . . .   2 »
  — Morceaux divers. 1 vol. in-8. . . . .   2 »
  — Notice sur le caractère et les écrits de M⁰ᵉ de Staël. — Lettres sur
     J.-J. Rousseau, 1 vol. in-8. . . . .   2 »
Sue (OEuvre d'Eugène). Plik et Plok. — Atar-Gull, 1 vol. in-18. . . .   1 »
  — La Salamandre. 1 vol. in-18. . . . .   1 »
  — La Coucaratcha. 1 vol. in-18. . . . .   1 »
  — L'Envie, 1 vol. in-18. . . . .   1 »
  — La Colère, la Luxure, 1 vol. in-18. . . . .   1 »
  — La Paresse, la Gourmandise, l'Avarice, 1 vol. in-18. . . .   1 »
  — L'Orgueil. 2 vol. in-18. . . . .   2 «
  — Les Mystères de Paris. 4 vol. in-18. . . . .   4 «
  — Paula Monti. 1 vol. in-18. . . . .   1 «
  — Latréaumont. 1 vol. in-18. . . . .   1 «
  — Le commandeur de Malte. 1 vol. in-18. . . . .   1 »
  — Thérèse Dunoyer. 1 vol. in-18. . . . .   1 «
  — Le Juif Errant. 4 vol. in-18. . . . .   4 »
  — Miss Mary. 1 vol. in-18. . . . .   1 »
  — Mathilde, 4 vol. in-18. . . . .   4 »
  — Deux Histoires. 1 vol. in-18. . . . .   1 »
  — Arthur. 2 vol. in-18. . . . .   2 »
  — La Famille Jouffroy. 3 vol. in-18. . . . .   3 »
  — Le Morne-au-Diable. 1 vol. in-18. . . . .   1 »
  — La Vigie de Koat-Ven. 2 vol. in-18. . . . .   2 »
  — Les Enfants de l'Amour. 1 vol. in-18. . . . .   1 »
  — Les Mémoires d'un Mari. 2 vol. in-18. . . . .   2 »
  — Mˡˡᵉ de Plouërnel. 1 vol. in-18. . . . .   2 »
  — Aventures d'Hercule Hardi, 1 vol. in-18. . . . .   » 50
  — Bonne Aventure (la), 4 vol. in-18. . . . .   2 »
  — Deleytar. 2 vol. in-18. . . . .   1 »
  — Fanatiques (les) des Cévennes. 3 vol. in-18. . . . .   1 50
  — Fernand Duplessis, ou Mémoires d'un mari. 6 vol. in-18. . .   3 »
  — Gilbert et Gilberte. 5 vol. in-18. . . . .   2 50
  — Hôtel Lambert (l'). 2 vol. in-18. . . . .   1 »
  — Marquise (la) Cornélia d'Alfi. 1 vol. in-18. . . . .   » 50
  — Martin l'enfant trouvé. 8 vol. in-18. . . . .   4 »
  — Miss Mary. 2 vol. in-18. . . . .   1 »
  — Mystères de Paris (les). 13 vol. in-18. . . . .   6 50
  — Thérèse Dunoyer. 2 vol. in-18. . . . .   1 »
  — Les Mystères de Paris, 4 vol. gr. in-18, format anglais, illus-
     trés de 48 vignettes gravées bois. . . . .   10 »
  — Juif Errant (le). 19 vol. in-32. . . . .   5 70
  — Martin l'enfant trouvé. 8 vol. in-32. . . . .   2 40
Tennent (Emerson). — Notes d'un voyageur anglais sur la Belgique.
  2 vol. in-18. . . . .   1 »
Thyes (Félix). — Marc Bruno, avec une notice sur l'auteur, par Eugène
  Van Bemmel. 1 vol. in-18. . . . .   » 50
Tollebi. — Le denier de saint Pierre. Comédie. 1 vol. in-18. . . .   1 25
Van Bemmel. (Eug.). — De la langue et de la poésie provençales. 1 v. in-12.   2 »
Van Bemmel. — L'harmonie des passions humaines, fronton du théâtre
  de la Monnaie à Bruxelles, par E. Simonis. Notice avec gravure. . . .   » 75
Vie de Rossini. 1 vol. in-18. . . . .   1 »
Vinet (A.). — Chrestomathie française, ou choix de morceaux tirés des
  meilleurs écrivains français. 3 vol. petit in-8. . . . . . .   13 »

A. Lacroix, Verboeckhoven & Cⁱᵉ.

Chaque volume se vend séparément.

Vinet (A.). — 1re partie, Littérature de l'enfance. . . . . 4 »
 —   —   2e   —   Littérature de l'adolescence. . . . . 4 »
 —   —   3e   —   Littérature de la jeunesse et de l'âge mûr. . . 5 »
 — Résumé de l'histoire de la littérature française. 1 vol. in-18. . . . . 1 »
Wacken (E.). — Le Siège de Calais, tragédie lyrique en 4 actes, 1 vol.
 in-18. . . . . 1 »
Wieland (C.-M.). — Musarion, ou la Philosophie des Grâces; traduction de
 l'allemand par Poupart de Wilde, 1 vol. in-18. . . . . 1 25
Wiertz (A.). — Peinture mate. Procédé nouveau. 1 vol. in-8. . . . . . . 1 »
Zschokke (Henri). — Lettres d'Islande; traduction de l'allemand par Emile
 Tandel. 1 vol. in-18. . . . . 1 »

BIBLIOTHÈQUE DE LA CRITIQUE MODERNE
FORMAT CHARPENTIER, A 3 FR. 50 LE VOLUME

Assollant (A.) — Vérité! Vérité! 1 vol.
 — Pensées et Réflexions de Cadet
 Borniche, 1 vol.
 — Un Quaker à Paris. 1 vol.
Dollfus (Ch.) — Etudes sur l'Allemagne.
 1 vol. — De l'Esprit français et de
 l'Esprit allemand. 1 vol.
Castagnary. — Les Libres Propos. 1 v.

Montégut (Emile). — Essais de critique.
 Cinq séries. (En préparation.)
Morin (Frédéric). — Etudes d'histoire
 et de littérature. 1 vol.
Sauvestre (Ch.). — Mes Lundis, 1 vol.
Ulbach (L.). — Ecrivains et Hommes
 de lettres, 1 vol.
 — Causeries du Dimanche, 1 vol.

ROMANS — COLLECTION J. HETZEL & A. LACROIX

La collection Hetzel prendra à l'avenir, pour ce qui est roman, le titre de COLLECTION J. HETZEL ET A. LACROIX. Les livres nouveaux dont elle s'enrichira porteront cette désignation. Le double effort des deux maisons ne pourra que contribuer à augmenter la valeur de la collection.

A mesure que d'autres romans entreront dans la Collection, nous en publierons la liste.

BEAUX VOLUMES IN-18
BROCHÉS, A 3 FRANCS. — CARTONNÉS, A 3 FRANCS 50 C.

Alarcon. — Le Finale de Norma, traduction de Ch. Yriarte. . . . . 1 vol.
Andersen. — Nouveaux Contes suédois. . . . . 1 vol.
Assollant. — Aventures de Karl Brunner. 1 vol.
Audebrand. — Schinderhannes. . . . . 1 vol.
Bayeux (Marc). — La Sœur aînée. . . . . 1 vol.
Belloy (de). — Les Toqués. . . . . 1 vol.
Bernard (A. de). — Les Frais de la guerre. . . . . 1 vol.
Bertrand. — Les Mémoires d'un Mormon. . . . . 1 vol.
Biart (Lucien). — La Terre-Chaude. . . . . 1 vol.
Bosquet (Emile). — Louise Meunier. . . . . 1 vol.
Bréhat (De). — Les Jeunes Amours. . . . . 1 vol.
 — Histoires d'Amour. . . . . 1 vol.
 — Les Petits Romans. . . . . 1 vol.
 — Un Drame à Calcutta. . . . . 1 vol.
Champfleury. — Le Violon de faïence. . . . . 1 vol.
Cherville (De). — Histoire d'un Chien de chasse. . . . . 1 vol.
Colombey. — Histoire anecdotique du Duel. . . . . 1 vol.
 — L'Esprit des Voleurs. . . . . 1 vol.
 — Les Originaux de la dernière heure. . . . . 1 vol.
Delmas de Pont-Jest. — Bolino le Négrier. . . . . 1 vol.

Delmas de Pont-Jest. — Voyages du Fire-Fly. . . . . 1 vol.
Deltuf (Paul). — Mademoiselle Fruchet . . . . 1 vol.
  — Adrienne . . . . 1 vol.
  — La Femme incomprise . . . . 1 vol.
  — Les Femmes sensibles. . . . . 1 vol.
  — Jacqueline Voisin . . . . 1 vol.
  — La comtesse de Silva . . . . 1 vol.
Déquet. — Clarisse. . . . . 1 vol.
Ducom (Charles). — Nouvelles gasconnes. . . . . 1 vol.
Duranty. — La cause du beau Guillaume. . . . . 1 vol.
Eckermann et Charles. — Entretiens de Gœthe . . . . 1 vol.
Erckmann Chatrian. — Contes de la Montagne. . . . . 1 vol.
  — Maître Daniel Rock . . . . 1 vol.
  — Contes des bords du Rhin. . . . . 1 vol.
  — Le Joueur de Clarinette. . . . . 1 vol.
  — Le Fou Yégof. . . . . 1 vol.
  — Madame Thérèse. . . . . 1 vol.
  — L'illustre docteur Mathéus. . . . . 1 vol.
  — Histoire d'un Conscrit de 1813. . . . . 1 vol.
Forgues (E.-D.). — Une Parque, — Ma Vie de garçon . . . . 1 vol.
  — Elsie Venner. . . . . 1 vol.
  — Gens de Bohème. . . . . 1 vol.
Frémy (Arnould). — Journal d'une jeune Fille pauvre . . . . 1 vol.
  — Les Amants d'aujourd'hui . . . . 1 vol.
  — Les Femmes mariées . . . . 1 vol.
  — Joséphin le Bossu. . . . . 1 vol.
Gastineau (B.). — Amours de Mirabeau. . . . . 1 vol.
  — Femmes de l'Algérie . . . . 1 vol.
Girardin (Mme de). — L'Esprit de Mme de Girardin. . . . . . 1 vol.
Gozlan (Léon). — La Folle du n° 16. . . . . 1 vol.
  — Le Vampire du Val-de-Grâce . . . . 1 vol.
  — Les Emotions de Polydore Marasquin . . . . . 1 vol.
Gonzalès (Don Manuel Fernandez y) et Yriarte.—La Dame de nuit, nou-
    velle espagnole . . . . 2 vol.
Grammont (De). — Les Gentilshommes riches. . . . . 1 vol.
  — Les Gentilshommes pauvres . . . . 1 vol.
Immermann, avec une préface par Nefftzer. — La Blonde Lisbeth. 1 vol.
Janin (J.). — Contes non estampillés . . . . 1 vol.
Jobey (Ch.). — L'Amour d'une Blanche . . . . 1 vol.
Kingsley (R.-Ch.). — Alton Locke . . . . 3 vol.
Lacroix (Octave). — Padre Antonio. . . . . 1 vol.
Lancret (A.). — Les Fausses Passions. . . . . 1 vol.
Lavallée (Th.). — Jean-sans-Peur. . . . . 1 vol.
Lever (Ch.). — O'Donoghue. Histoire d'une famille irlandaise . 2 vol.
Mané, Thécel, Pharès. — Histoire d'il y a vingt ans . . . . 1 vol.
Maret (Henri). — Tour du monde parisien . . . . 1 vol.
  — Les Compagnons de la Marjolaine. . . . . . . 1 vol.
Mayne Reid. — Les Marrons de la Jamaïque. . . . . 2 vol.
Melville (Whyte). — L'Interprète. . . . . 2 vol.
Monnier (Marc). — Garibaldi. — Conquête des Deux-Siciles . 1 vol.
Monnier (Henri). — La Religion des Imbéciles . . . . 1 vol.
Muller (Eug.). — La Mionette, 5e édition. . . . . 1 vol.
  — Madame Claude . . . . 1 vol.
  — Contes rustiques . . . . 1 vol.
Olivier (Juste). — Le Batelier de Clarens . . . . 2 vol.
Paul (Adrien). — Les Duels de Valentin . . . . 1 vol.
  — Blanche Mortimer. . . . . 1 vol.
Perret (Paul). — Mademoiselle du Plessé. . . . . 1 vol.

Perret (Paul). — Dame Fortune . . . . 1 vol.
Pichat (Laurent). — Les Poëtes de combat . . . . 1 vol.
— Le Secret de Polichinelle . . . . 1 vol.
— Gaston . . . . 1 vol.
Poë (Edgar). — Contes inédits . . . . 1 vol.
Ponroy (Arthur). — Le Présent de Noces . . . . 1 vol.
Radiguet (Max). — Les Derniers sauvages . . . . 1 vol.
Richard (J.). — Un péché de Vieillesse . . . . 1 vol.
Robert (Adrien). — La Princesse Sophie . . . . 1 vol.
— Le Nouveau Roman comique . . . . 1 vol.
Robert Houdin. — Les Tricheries des Grecs, 2e édition . . . . 1 vol.
Rufini. — Découverte de Paris, Nouvelle édition . . . . 1 vol.
Sala (G.). — La Dame du premier. Traduction de l'anglais . . 2 vol.
Sand (G.). — Flavie, 3e édition . . . . 1 vol.
— Souvenirs et impressions littéraires . . . . 1 vol.
— Autour de la table . . . . 1 vol.
— Amours de l'Age d'Or . . . . 1 vol.
— Les Dames vertes, 3e édition . . . . 1 vol.
— Théâtre complet . . . . 3 vol.
— Promenade autour d'un village . . . . 1 vol.
— Les Beaux Messieurs de Bois-Doré . . . . 2 vol.
Scholl (Aurélien). — Histoire d'un Premier Amour . . . . . . 1 vol.
— Les Amours de Théâtre . . . . 1 vol.
— Aventures romanesques . . . . 1 vol.
Texier (Edmond). — Choses du Temps présent . . . . 1 vol.
Thiers. — Histoire de Law . . . . 1 vol.
Tourguénef. — Dimitri Roudine . . . . 1 vol.
— Une Nichée de Gentilshommes . . . . 1 vol.
Trois Buveurs d'eau. — Histoire de Mürger . . . . 1 vol.
Ulbach (L.). — Le Mari d'Antoinette, 2e édition . . . . 1 vol.
— Françoise, 2e édition . . . . 1 vol.
— Pauline Foucault, 3e édition . . . . 1 vol.
— Mémoires d'un inconnu . . . . 1 vol.
— Monsieur et Madame Fernel . . . . 1 vol.
— Suzanne Duchemin . . . . 1 vol.
— L'Homme aux cinq louis d'or . . . . 1 vol.
— Histoire d'une mère et de ses enfants . . . . 1 vol.
— Les Roués sans le savoir . . . . 1 vol.
— Voyage autour de mon clocher . . . . 1 vol.
— Le Prince Bonifacio . . . . 1 vol.
— Louise Tardy . . . . 1 vol.
— Le Parrain de Cendrillon . . . . 1 vol.
Vignon (Claude). — Jeanne de Mauguet . . . . 1 vol.
— Un Drame en province . . . . 1 vol.
— Les Complices . . . . 1 vol.
— Récits de la Vie réelle . . . . 1 vol.
— Victoire Normand . . . . 1 vol.
Villemot (Aug.). — La Vie à Paris, Précédée d'une Étude sur l'esprit
en France, par P.-J. Stahl . . . . 2 vol.
Wilkie Collins, Forgues. — La Femme en blanc, 4e édition . . 2 vol.
— Sans nom, 2e édition . . . . 2 vol.
— Une Poignée de romans . . . . 2 vol.
Wailly (De) et Carleton. — Romans champêtres irlandais . . . 2 vol.
Wood (Mme H.). — Lady Isabel, 2e édition . . . . 2 vol.
Zola (Emile). — Contes à Ninon . . . . 1 vol.

Les romans qui précèdent, ainsi que les nouveaux ouvrages qui paraîtront
successivement dans la Collection J. Hetzel et A. Lacroix, seront vendus brochés
à 3 fr. le vol., et cartonnés à l'anglaise, avec titres et écussons dorés, à 3 fr. 50 c.

EXTRAIT DU CATALOGUE DE MUSIQUE CLASSIQUE ALLEMANDE

ÉDITIONS A BON MARCHÉ

Œuvres complètes de Beethoven, revues par F. Liszt.

Tomes I et II.—Sonates pour piano, 36 cahiers, avec le portrait de Beethoven. Prix : 25 fr. — Tome III. Toutes les variations pour piano seul en 20 cahiers, Prix : 11 fr. — Tome IV. Toutes les autres compositions (Bagatelles, Rondeaux, Danses, Marches, etc.), pour piano à deux et à quatre mains, 23 cahiers. Prix : 11 fr.—Tome V. Tous les duos pour piano et violon, 11 cahiers en partition et avec les voix seules. Prix : 17 fr.— Tome VI. Tous les duos pour piano, 13 cahiers, en partition et avec les voix seules. Prix : 18 fr. — Tome VII. Tous les trios pour piano, violon (clarinette) et violoncelle, 13 cahiers en partition et avec les voix seules. Prix : 18 fr. — Tome IX. Les « Lieder » pour une voix avec accompagnement du piano, revus par C. Geissler (paroles allemandes), 13 cahiers, Prix : 9 fr. — Tome X. Un Oratorio et deux Messes, en partition. Prix : 9 fr. — Tome XIV. Dix-sept Quatuor pour deux violons, alto et violoncelle, 10 cahiers en partition et parties.

Neuf symphonies pour piano à deux mains, 18 fr. 25 c. Arrangées par F.-W. Markull.

Jean-Sébastien Bach. — Œuvres choisies pour piano, 4 vol. prix : 33 fr.

Muz Clementi. — Sonates originales pour le piano, 4 vol. Prix : 40 fr.

Joseph Haydn. — Toutes ses compositions pour piano.

Douze des plus belles Symphonies pour piano à deux ou à quatre mains, arrangées par H. Enke.

W.-A. Mozart. — Œuvres complètes révisées par H.-W. Stolze. Vol. I et II. Toutes les compositions pour piano seul et à quatre mains. Prix : 24 fr. — Vol III. 18 sonates pour piano et violon. Prix : 13 fr. — Vol. IV. 9 trios pour piano, violon et violoncelle. Prix : 10 fr. 50 c.

Quinze Symphonies pour piano à deux mains. 11 fr. A quatre mains, 17 fr. Arrangées par F.-W. Markull.

Charles Maria de Weber. — Édition revue et corrigée par H.-W. Stolze, 2 vol. avec biographie et portrait. Prix : 30 fr.

Anton Diabelli. — Œuvres choisies en 7 cahiers. — Prix : 8 fr. 60.

J.-L. Dussek. — Œuvres choisies pour piano à deux et à quatre mains, 19 cahiers. Prix : 12 fr.

Fr. Kulhau.—Œuvres choisies pour piano à deux et à quatre mains. Prix : 7 fr. 50.

Collection d'Ouvertures pour piano à deux et à quatre mains.

Opéras en partition de piano : de Mozart, Cimarosa, Méhul, Rossini, Beethoven, Bellini, Weber, etc., etc.

TOUS CES MORCEAUX SONT MARQUÉS PRIX NET ET SANS REMISE.

THÉATRE

George Sand. — Théâtre complet, 3 vol. gr. in-18 . . . . 9 »

Louis Ulbach et Crisafulli. — M. ET Mme FERNEL, comédie en quatre actes, 1 vol. in-18 . . . . 2 »

Jules Guilliaume. — STRUENSÉE, drame en cinq actes et en vers, 1 vol. in-18 . 1 25

Louis Labarre. — MONTIGNY A LA COUR D'ESPAGNE, drame en cinq actes, 1 vol. in-18 . . . . 2 »

Tollchi. — LE DENIER DE SAINT-PIERRE, comédie en cinq actes, 1 vol. in-18 . 1 25

Ch. Potvin. — JACQUES D'ARTEVELD, drame historique en trois actes et en vers, 1 vol. in-18 . . . . 2 »

Gœthe. — FAUST, tragédie, ornée du portrait de l'auteur, 1 vol. in-18 . . 3 »

— Le même ouvrage, orné de 26 gravures . . . . 5 »

Édouard Wacken. — LE SIÉGE DE CALAIS, tragédie lyrique en trois actes, 1 vol. in-18 . . . . 1 »

Ch. Hugo. — LES MISÉRABLES, drame en deux parties et douze tableaux, avec prologue et épilogue. Édition de luxe, in-8 . . . . 4 »

— Le même ouvrage, Édition in-12 . . . . 2 »

Racine. — THÉATRE, 2 vol. in-32, édition diamant, ornés de 13 vignettes . 6 »

Mme de Staël. — ESSAIS DRAMATIQUES, 1 vol. in-18 . . . . . . 1 »

— Le même ouvrage, 1 vol. in-8 . . . . 2 »

Chateaubriand. — MOISE, tragédie, 1 vol. in-18 . . . . . . » 50

Victor Joly. — JACQUES D'ARTEVELD, drame, précédé de chroniques intéressantes sur l'histoire des Flandres au XIVe siècle, 1 vol. in-18 . . . » 50

Fourdrain ainé. — L'HOMME AUX YEUX DE BŒUF, drame, 1 vol. . . 1 »

— LE MÉDECIN, drame 1 vol. . . . . 1 »

OUVRAGES ILLUSTRÉS DE MAGNIFIQUES GRAVURES SUR ACIER

FORMAT GRAND IN-8° JÉSUS

Alexandre Dumas. — Les Crimes célèbres. 8 vol. illustrés de 32 gravures. Prix du vol. : 4 fr.

Alboize et Auguste Maquet. — Histoire de la Bastille. 8 vol. illustrés de 32 gravures sur acier. Prix du vol. : 4 fr.

— Les Prisons de l'Europe. 8 vol. illustrés de 32 gravures. Prix du volume : 4 fr.

C. Mocquard, chef du cabinet de l'Empereur. — Les Causes célèbres. 6 vol. illustrés de 250 gravures. Prix du vol. : 4 fr.

Maurice La Châtre. — Histoire des Papes ; crimes, meurtres, empoisonnements, adultères, incestes des Pontifes romains depuis saint Pierre jusqu'à nos jours. 10 vol. illustrés de 50 gravures. Prix du vol. : 5 fr.

Eugène Sue. — Les Mystères de Paris. 2 vol. illustrés de 8 gravures. Prix du vol. : 4 fr.

— Le Juif Errant. 2 vol. illustrés de 8 gravures. Prix du vol. : 4 fr.

— Les Misères des enfants trouvés. 4 vol. illustrés de 16 gravures. Prix du vol : 4 fr.

Anquetil. — Histoire de France. — **I. Vivien.** — Histoire de la Révolution. — **Sarrans.** — Histoire de la révolution de Février 1848. 10 vol. illustrés de 50 gravures. Prix du vol. : 5 fr.

Walter Scott. — OEuvres complètes. 25 vol. illustrés de 100 gravures. Prix du vol. : 4 fr.

Buffon. — OEuvres complètes. 20 vol. illustrés de 100 gravures noires et coloriées. Prix du vol. : 4 fr.

Beecher-Stowe. — La Case de l'oncle Tom. 1 vol. illustré. Prix : 4 fr.

— L'Esclave blanc. 1 vol. illustré. Prix : 4 fr.

Docteur Mure. — Le Médecin du Peuple : L'Homopathie vulgarisée dans les familles. 1 vol. in-18. Prix : 1 fr.

Alexandre Dumas. — Les Crimes célèbres. 4 vol. grand in-18. Prix du vol. : 2 fr.

LES MISÉRABLES

PAR

VICTOR HUGO

—

ÉDITION POPULAIRE ILLUSTRÉE DE 200 DESSINS DE BRION

—

100 Livraisons, chacune de 8 pages, illustrée de 2 gravures, à 10 cent. la livraison.

10 Séries brochées, chacune comprenant 10 livraisons, soit 80 pages de texte avec 16 gravures.

Prix de la série avec couverture : 1 fr. 10 cent.

Maurice La Châtre. — Dictionnaire français illustré, Panthéon littéraire. Encyclopédie des Arts et Métiers. 2 vol. illustrés de 1,000 gravures. Prix de chaque vol. : 5 fr. — L'ouvrage est divisé en 100 livraisons, Prix de la livraison : 10 centimes.

— Le Dictionnaire des Écoles. 2 vol. in-18. Prix du vol. : 1 fr.

Le Dictionnaire universel, Panthéon littéraire et Encyclopédie illustrée; par Maurice La Châtre avec le concours de savants, d'artistes et d'hommes de lettres, et d'après les travaux de Casimir Henricy. — Chateaubriand. — Béranger. — Guizot. — Thiers. — P.-J. Proudhon. — Lamennais. — Bescherelle. — George Sand. — Eugène Sue. — Michelet. — Orfila. — Victor Hugo. — Villemain. — A. Hébrard. — J.-B. Say. — Edgard Quinet. — François Santallier. — Legras — Louis Blanc. — Eugène Pelletan. — Raspail. — F. Pyat. — Cousin. — Sarrans. — Nodier. — Sismondi. — Le P. Lacordaire. — Ledru-Rollin. — Fourier. — Bosselet. — Melvil Bloncourt. — L'abbé Mercelli. — Allan Kardec. — Lachambaudie. — A. Dumas. — Pierre Dupont, etc., etc.

Deux magnifiques volumes grand in-4 à trois colonnes, illustrés d'environ 2,000 sujets gravés sur bois, intercalés dans le texte. — Deux livraisons par semaines. — 10 centimes la livraison.

Chaque livraison contient 100,000 lettres, c'est-à-dire la matière d'un demi-volume in-8, et un grand nombre de gravures intercalées dans le texte. — L'Ouvrage aura 200 livraisons par volume, qui seront publiées dans une période de deux ans.

Cette œuvre, la plus gigantesque des entreprises littéraires de notre époque, renferme l'analyse des 400,000 volumes qui existent dans les bibliothèques nationales, et peut être considérée à bon droit comme le plus vaste répertoire des connaissances humaines qui soit au monde.

Le DICTIONNAIRE UNIVERSEL est le plus exact, le plus complet et le plus progressif de tous les Dictionnaires, le seul qui embrasse dans ses développements tous les Dictionnaires spéciaux.

Le dictionnaire de la langue usuelle.
Le dictionnaire de la langue littéraire.
Le dictionnaire de la langue poétique.
Le dictionnaire des synonymes.
Le dictionnaire du vieux langage.
Le dictionnaire des difficultés grammaticales.
Le dictionnaire des voyages.
Le dictionnaire infernal, de caballistique et des sciences occultes.
Le dictionnaire de l'argot et de la gaie science.
Le dictionnaire des arts et métiers.
Le dictionnaire fantastique, de magie, de sorcellerie, de nécromancie, de cartomancie et de chiromancie.
Le dictionnaire des manufactures.
Le dictionnaire de la théologie.
Le dictionnaire de l'industrie.
Le dictionnaire de la télégraphie électrique.
Le dictionnaire de l'astronomie.
Le dictionnaire du magnétisme.
Le dictionnaire des dames.
Le dictionnaire des modes.
Le dictionnaire de l'amour et de la galanterie.
Le dictionnaire des légendes, traditions, et anecdotes.
Le dictionnaire des mœurs et coutumes.
Le dictionnaire des merveilles de la nature.
Le dictionnaire de la médecine.
Le dictionnaire des chemins de fer.
Le dictionnaire de la pharmacie.
Le dictionnaire de l'homœopathie.
Le dictionnaire des beaux-arts.
Le dictionnaire des idées philosophiques et humanitaires.
Le dictionnaire des sciences.
Le dictionnaire de la pénalité.
Le dictionnaire de l'agriculture.
Le dictionnaire du commerce et des marchandises.
Le dictionnaire des sciences mathématiques.
Le dictionnaire de la mythologie.
Le dictionnaire des antiquités.

Le dictionnaire des religions, des sectes et des hérésies.
Le dictionnaire de la législation.
Le dictionnaire des anciennes coutumes.
Le dictionnaire de jurisprudence.
Le dictionnaire de la féodalité.
Le dictionnaire de la finance.
Le dictionnaire des codes.
Le dictionnaire des offices publics et de l'enregistrement.
Le dictionnaire du notariat et des hypothèques.
Le dictionnaire des lois et des décrets.
Le dictionnaire des maires.
Le dictionnaire de la conversation.
Le dictionnaire des villes et communes.
Le dictionnaire historique et biographique.
Le dictionnaire de la chasse.
Le dictionnaire des victoires et conquêtes.
Le dictionnaire de la pêche.
Le dictionnaire de la marine.
Le dictionnaire de la géographie.
Le dictionnaire des ponts et chaussées.
Le dictionnaire de la mécanique.
Le dictionnaire de la physique.
Le dictionnaire de la chimie.
Le dictionnaire du ménage, de l'office et de la cuisine.
Le dictionnaire de l'histoire naturelle.
Le dictionnaire des monnaies.
Le dictionnaire des poids et mesures.
Le dictionnaire de l'économie politique.
Le dictionnaire du blason.
Le dictionnaire des jeux et divertissements.
Le dictionnaire de la franc-maçonnerie.
Le dictionnaire des inventions.
Le dictionnaire des hommes utiles.
Le dictionnaire de la santé et de l'hygiène domestique.
Le dictionnaire des fêtes et cérémonies chez tous les peuples.
Etc., etc., etc.

A. Lacroix, Verboeckhoven & Cie.

BIBLIOTHÈQUE DE LA CRITIQUE MODERNE

Format Charpentier à 3 fr. 50 le volume.

Alfred Assolant. — VÉRITÉ! VÉRITÉ! 1 vol.
— PENSÉES ET RÉFLEXIONS DE CADET BORNICHE. 1 vol.
— UN QUAKER A PARIS. 1 vol.
Castagnary. — LES LIBRES PROPOS. 1 vol.
Ch. Dollfus. — ÉTUDES SUR L'ALLEMAGNE. 1 vol.
Mme de Girardin. — L'ESPRIT DE Mme DE GIRARDIN 1 vol. in-18.
Frédéric Morin. — ÉTUDES D'HISTOIRE ET DE LITTÉRATURE, 1 vol.
Mané, Thécel, Pharès. — HISTOIRES D'IL Y A VINGT ANS. 1 vol in-18.
Pichat (Laurent). — LES POÈTES DE COMBAT. 1 vol. In-18.
George Sand. — SOUVENIRS ET IMPRESSIONS LITTÉRAIRES. 1 vol. in-18.
— AUTOUR DE LA TABLE. 1 vol. in 18.
Ch. Sauvestre. — MES LUNDIS. 1 vol.
Texier (Edmond). — CHOSES DU TEMPS PRÉSENT. 1 vol. in-18.
Louis Ulbach. — ÉCRIVAINS ET HOMMES DE LETTRES. 1 vol.
— CAUSERIES DU DIMANCHE. 1 vol.
Villemot. — LA VIE A PARIS. — Étude sur l'esprit en France par P. J. Stahl. 1 vol. in-18.

Emerson. — LES REPRÉSENTANTS DE L'HUMANITÉ. 1 vol. 3 50
— LES LOIS DE LA VIE. 1 vol. 3 50
Œuvres du Prince de Ligne. — 4 vol. in-18. . . . . 14 »
Mémoires du Prince de Ligne. — 1 vol. in 18. . . . . 3 50
Hippolyte Lucas. — HISTOIRE PHILOSOPHIQUE ET LITTÉRAIRE DU THÉÂTRE
FRANÇAIS, DEPUIS SON ORIGINE JUSQU'A NOS JOURS. 3 vol. . . . 10 50
Guillaume Schlegel. — COURS DE LITTÉRATURE DRAMATIQUE. 2 vol.
grand in-18. . . . . 7 »
Albert Lacroix. — HISTOIRE DE L'INFLUENCE DE SHAKSPEARE SUR LE THÉÂTRE
EN FRANCE JUSQU'A NOS JOURS. 1 vol. in 8. . . . . 5 »

Chateaubriand. — ESSAI SUR LA LITTÉRATURE ANGLAISE. 2 vol. in-18. . 2 »
— MÉLANGES ET POÉSIES. 1 vol. in-32. . . . . » 50
— MÉLANGES LITTÉRAIRES. 1 vol in-32. . . . . » 50
Benjamin Constant. — MÉLANGES DE LITTÉRATURE ET DE POLITIQUE.
1 vol. in-18. . . . . 1 »
Mme de Staël. — DE L'ALLEMAGNE. 3 vol. in-18. — . . . . 2 »
— LITTÉRATURE. 1 vol. in-8. 2 »
— MÉLANGES. 1 vol. in-8. . . . . 2 »
— MORCEAUX DIVERS. 1 vol. in-8. . . . . 2 »
Prescott. — ESSAIS ET MÉLANGES HISTORIQUES ET LITTÉRAIRES. 2 vol. in-8. 10 »

BROCHURES

Jules Simon. — Discours sur les Instituteurs. In-32. . . . . » 10
— La Loi sur les Coalitions. In-32. . . . . » 10
Pelletan. — Les Fêtes de l'Intelligence. 1 vol. in-8. . . . . 1 »
Les Jésuites et le Procès de Buck. 1 vol. in-18. . . . . » 75
Bosselet. — La Liberté ajournée. 1 vol. in-18. . . . . 1 »
Demeur. — L'Expédition belge au Mexique. 1 vol. in-18. . . . . . . » 75
Prescott. — Don Carlos. Sa vie et sa mort. 1 vol. in-8. . . . . . . 2 »
— Vie de Charles Quint à Yuste. 1 vol. in-8. . . . . 2 50
— Christophe Colomb. 1 vol. in-8. . . . . 1 50

15, boulevard Montmartre, Paris.

COLLECTION DES GRANDES ÉPOPÉES NATIONALES

Valmiki. — Le Râmâyana, poëme traduit du sanscrit par H. Fauche. 2 vol. in-18 . . . . 7 »

Les Nibelungen, poëme traduit de l'allemand par Emile de Laveleye. 1 vol. in-18 . . . . 3 50

Le Roman du Renard, mis en vers d'après les textes originaux, par Ch. Potvin. 1 vol. in-18 . . . . 3 50

Les Chants populaires de l'Italie, traduction de l'italien de Cazelli. 1 vol. in-18 . . . . 3 50

Milton. — Le Paradis perdu, traduction de l'anglais par Chateaubriand. 2 vol. in-18 . . . . 2 »

L'Edda, traduction du poëme scandinave par Emile de Laveleye. 1 vol. in-18 . . . . 3 50

Kalidasa. — OEuvres, comprenant le drame de Çacountala, traduction de l'indien par H. Fauche. 1 vol. in-18 . . . . 3 50

SOUS PRESSE :

Ernest Hamel. — Histoire de Robespierre. 3 vol. in-8, à 7 fr. 50 le vol.

A. Bougeart. — Marat. Sa Vie et ses OEuvres. 2 vol. in-8, 10 fr.

G. Avenel. — Anacharsis Cloots (l'Orateur du genre humain). 2 vol. in-8, à 6 fr. le vol.

A. Hebrard. — Les Classiques de la Révolution. In-8, à 5 fr. le vol.

> A. OEuvres de Mirabeau. 1 vol.
> B. OEuvres de Danton.
> C. OEuvres de Robespierre.
> D. OEuvres de Marat.
> E. OEuvres de Camille Desmoulins.
> F. OEuvres de Saint-Just.

Alfred Michiels. — Histoire de la Peinture flamande et hollandaise. 6 beaux vol. in-8 à 5 fr. le vol.

Gustave Flourens. — La Science de l'Homme. 2 vol. in-18. 7 fr.

Le Jésuite, par l'abbé ***; auteur du *Maudit* et de *la Religieuse*. 2 vol. in-8, 10 fr.

ROMANS A 3 FR. LE VOLUME

SOUS PRESSE:

Bréhat (A. de)—Les Chemins de la vie.
Dickens (Charles). — Nouveaux Contes de Noël.
Dash (Comtesse)— Mémoires des autres
Kingsley (n -Charles)—Vive l'Occident!
Miss Braddon.— La bande noire. 2 vol.
— Le Lis de la Louisiane. 2 vol.
— Le Fantôme blanc. 2 vol.
— L'Ouvrière. 2 vol.

Miss Braddon. — Oscar Bertrand.
Melville (Whyte). — Propre à rien. Traduit de l'anglais.
Tourguénef. —Dernières nouvelles.
Thackeray (W.-M.). — Les Aventures de Philippe.
— Les Newcomes.
— Les Virginiens.
Zschokke (H.).—Contes inédits.

A. Lacroix, Verboeckhoven et Cᵉ.

ŒUVRES DES GRANDS AUTEURS FRANÇAIS CONTEMPORAINS

ÉDITION IN-8 CAVALIER

Victor Hugo. — Les Misérables. 10 vol. in-8 . . . . 0 »
— William Shakespeare. 1 vol. in-8 . . . . 7 50
Alph. de Lamartine. — La France parlementaire (1830-1851).
    Discours, écrits politiques. 6 beaux et forts vol. in-8. . . . 36 »
— Shakespeare et son œuvre. 1 vol. in-8. . . . . 5 »
— Portraits et Biographies (William Pitt, lord Chatham, Madame
    Roland, Charlotte Corday). 1 vol. in-8. . . . . 5 »
— Les Hommes de la Révolution (Mirabeau, Vergniaud, Danton).
    1 vol. in-8 . . . . 5 »
— Les Grands Hommes de l'Orient (Mahomet, Tamerlan, Zizim).
    1 vol. in-8 . . . . 5 »
— Civilisateurs et Conquérants (Solon, Périclès, Michel-Ange,
    Fables de l'Inde, Pierre le Grand, Catherine II, Murat).
    2 vol. in 8. . . . . 10 »
Jules Simon. — L'Ecole. 1 vol. in-8. . . . . 6 »
Eugène Pelletan. — La Famille. I. La Mère. 1 vol. in-8. . . . 5 »
    II. Le Père. 1 vol. in-8. . . . 5 »
    III. L'Enfant. 1 vol. in-8 . . . 5 »
Edgar Quinet. — La Révolution. 2 vol. in-8. . . . . 15 »
Louis Blanc. — Lettres sur l'Angleterre. 2 vol. in-8. . . . . . 12 »
— Les Salons du XVIIIe siècle. 2 vol. in-8. . . . . 12 »
Victor Hugo raconté par un témoin de sa vie. 2 vol.
    in-8 . . . . 15 »
Lamennais (Œuvres) de. 2 vol. gr. in-8 à 2 colonnes. . . . . 32 »

ÉDITION IN-18 JÉSUS

Michelet. — La Sorcière. 1 vol. in-18. . . . . 3 50
— La Pologne martyre. 1 vol. in-18. . . . . 3 50
George Sand (Œuvres de). — Flavie. 1 vol . . . . 3 »
— Les Amours de l'Age d'or. 1 vol . . . . 3 »
— Les Dames Vertes. 1 vol. . . . . 3 »
— Les Beaux Messieurs de Bois-Doré. 2 vol. . . . . 6 »
— Promenade autour du village. 1 vol. . . . . 3 »
— Souvenirs et Impressions littéraires. 1 vol. . . . . 3 »
— Autour de la table. 1 vol. . . . . 3 »
— Théâtre complet. 3 vol. . . . . 9 »
Eugène Sue (Œuvres d'). 37 vol. gr. in-18 à 1 fr.
— Œuvres diverses. 49 vol. petit in-18 à 50 cent. le volume.
Frédéric Soulié. — Œuvres diverses, Romans. 66 volumes in-18 à 50 c.
    le volume.

BEAUX IN-18 BROCHÉS A 3 FR. 50

Proudhon. — La Guerre et la Paix. . . . . 1 vol.
— Théorie de l'impôt. . . . . 1 vol.

A. Lacroix, Verboeckhoven et Cᵉ

ŒUVRES

DU

PRINCE DE LIGNE

précédées

D'UNE INTRODUCTION PAR ALBERT LACROIX

4 beaux et forts vol. in-18, 14 fr.

Les œuvres du prince Charles de Ligne, dont le nom est si connu, dont la réputation littéraire est si bien établie dans tous les pays d'Europe et qui partout a laissé des traces si profondes de son aimable esprit, de sa finesse d'observation, de sa conversation vive et enjouée, les œuvres du prince de Ligne n'existent que dans très-peu de bibliothèques.

Le public se trouvait privé, par cette rareté, du plaisir de lire ce charmant écrivain, qui le dispute aux plus spirituels des humouristes que la langue française ait produits.

La variété si grande des écrits du prince les fait convenir à toutes les classes de la société.

Mélanges historiques, mélanges littéraires, mélanges philosophiques, mélanges militaires, romans, contes, mémoires divers sur la Pologne, sur les Juifs, sur les Crétins, — le fameux *mémoire pour le comte de Bonneval,* — *mémoire pour les Grecs,* — *portraits, caractères et fantaisies,* — *pensées* aussi fines que vives et spirituelles, — *réflexions sur les femmes,* — *correspondance* aussi piquante qu'enjouée, — *lettres aux principaux souverains de l'Europe :* Catherine, Joseph II, etc., etc., — *dialogues,* — *études critiques,* — *poésies,*

— *comédies*, — *voyages*, — tous les sujets se croisent dans ses œuvres; tous les tons y alternent, le sérieux et le frivole; tous les genres y sont représentés, le léger et le grave, dans le plus charmant désordre, comme le prince l'aimait tant.

Les célèbres *Lettres de Crimée*, qui décrivent cette contrée aujourd'hui illustrée, — les *Lettres sur la dernière guerre des Turcs*, l'*Histoire de la guerre de Trente ans*, les *Mémoires sur Frédéric II de Prusse*, la *Vie de Catherine le Grand*, comme il la surnomma si ingénieusement et comme l'histoire l'appelle encore, — les *Considérations sur la Révolution française*, alternent avec le *Coup d'œil sur les principaux jardins d'Europe*, le *Coup d'œil sur Belœil*, le *Règne du grand Selrahcengil*, le *Mémoire sur Paris*, idéal que le prince rêvait dès lors pour cette belle capitale.

Enfin viennent les *Mémoires* de ce grand seigneur, homme de lettres, aussi réputé pour son caractère chevaleresque et pour son noble cœur que pour son talent littéraire et le rôle éclatant qu'il joua sur la scène de la politique européenne, comme soldat et comme diplomate.

On voudra lire encore le plaidoyer si piquant intitulé : *Mémoire pour mon cœur accusé*, et ses *Entretiens avec Voltaire et Rousseau*, qui dépeignent ces deux grands hommes, et les *Lettres à Eulalie sur les théâtres de société*; l'on trouvera à glaner plus d'une perle dans ses *pensées diverses* qu'il intitule : *Mes écarts ou Ma tête en liberté*.

MÉMOIRJ
DU
PRINCE DE LIGNE
Suivis de Pensées
ET PRÉCÉDÉS
D'UNE INTRODUCTION PAR ALBERT LACROIX
1 vol. in-18, 3 fr. 50 c.

DICTIONNAIRE HISTORIQUE

DES

PEINTRES

de toutes les écoles

DEPUIS L'ORIGINE DE LA PEINTURE JUSQU'A NOS JOURS

CONTENANT

1° Un abrégé de l'histoire de la peinture chez tous les peuples
2° Des tableaux synoptiques présentant la nomenclature des peintres par ordre chronologique, par écoles, etc.
3° La biographie des peintres par ordre alphabétique avec désignation d'école
4° L'indication de leurs principaux tableaux avec désignation des lieux où ils se trouvent
5° La caractéristique de leur style et de leur manière
6° Le prix auquel ont été vendus, dans les ventes célèbres des trois derniers siècles y compris le dix-neuvième, les tableaux principaux
7° Six cents monogrammes environ des principaux peintres

PAR

ADOLPHE SIRET

MEMBRE CORRESPONDANT DE L'ACADÉMIE ROYALE DE BELGIQUE
DE L'ACADÉMIE IMPÉRIALE DE REIMS
DE L'ACADÉMIE D'ARCHÉOLOGIE DE MADRID, ETC.

1 magnifique vol. in-8 à 2 colonnes, de 1,000 à 1,200 pages.

DEUXIÈME ÉDITION

Revue et considérablement augmentée.

CONDITIONS DE LA SOUSCRIPTION

L'ouvrage sera publié en 12 livraisons, chacune d'environ 90 pages gr. in-8 à deux colonnes. L'ouvrage complet coûtera TRENTE FRANCS et formera un magnifique volume soigneusement exécuté. — Il est tiré pour les amateurs un petit nombre d'exemplaires de luxe sur grand et fort papier vergé. Le prix en sera de 60 francs pour les souscripteurs.

VICTOR HUGO

RACONTÉ

PAR UN TÉMOIN DE SA VIE

AVEC ŒUVRES INÉDITES DE VICTOR HUGO

ENTRE AUTRES, UN DRAME

INEZ DE CASTRO

La personne qui a écrit *Victor Hugo raconté par un témoin de sa vie* peut dire qu'elle a été le témoin de la vie de notre grand poëte. Elle a été mêlée à toute son existence, de son adolescence à son exil; elle l'a connu dès les Feuillantines et elle l'a suivi jusqu'à Guernesey.

Cette biographie de l'auteur des *Misérables*, écrite avec une sincérité que les lecteurs apprécieront et avec un talent d'une délicatesse et d'un charme plus que rares, raconte Victor Hugo tout entier, son enfance, son éducation, ses luttes, les représentations si orageuses de ses drames et leurs répétitions qui ne l'ont pas été moins, ses relations avec tous les hommes célèbres de ce siècle, etc. Elle dit sa vie intérieure comme sa vie publique, le fils, le mari, le père et l'ami comme l'écrivain et l'orateur.

Les faits auxquels l'auteur n'a pas assisté personnellement lui ont été racontés par M. Victor Hugo lui-même, qui a bien voulu lui communiquer des documents et des lettres du plus haut intérêt.

M. Victor Hugo a fait plus pour l'auteur : il lui a donné des œuvres inédites, prose, vers, odes, élégies, contes, traduction de Virgile, récits de voyage, etc., et, ce qui suffirait à la fortune de notre livre, tout un drame, en trois actes et en deux intermèdes, *Inez de Castro*.

COLLECTION

DES

GRANDS HISTORIENS

CONTEMPORAINS

De l'Amérique, l'Angleterre, l'Allemagne, &c., &c.

Format in-8 à 5 fr. le volume.

Cette collection comprend les ouvrages des quatre grands historiens américains de notre époque : BANCROFT, MOTLEY, PRESCOTT, WASHINGTON IRVING.

Parmi les Allemands, nous citerons : GERVINUS, HERDER, MOMMSEN (*Histoire romaine*).

La série des historiens anglais s'ouvrira par l'*Histoire grecque*, de G. GROTE.

Un soin tout particulier est donné tant au choix des ouvrages qui entreront dans cette collection importante, qu'à la traduction et à l'exécution matérielle des volumes.

Plusieurs ouvrages sont en préparation.

Les historiens dont la réputation est consacrée et dont les œuvres offrent un intérêt général, figureront seuls dans cette grande collection.

ŒUVRES COMPLÈTES

DE

W. H. PRESCOTT

Histoire du règne de Philippe II, traduite de l'anglais par G. Renson et P. Ithier. 5 beaux vol. in-8. Prix : 5 fr. le volume.

Histoire de la conquête du Pérou. 3 vol. in-8. 15 fr.

Histoire de la conquête du Mexique. 3 vol. in-8. 15 francs.

Histoire de Ferdinand et d'Isabelle. 4 vol. in-8. 20 francs.

Don Carlos. *Sa vie et sa mort.* 1 vol. in-8. 2 francs.

Essais et mélanges historiques et littéraires. 2 vol. in-8. 10 francs.

Vie de Charles-Quint à Yuste. 1 vol. in-8. 2 fr. 50 c.

Christophe Colomb. 1 vol. in-8. 1 fr. 50 c.

Prescott, que la mort vient d'enlever à son pays et à l'histoire, avait pris rang, dès son vivant, parmi les plus grands et les premiers historiens modernes.

A peine si ce siècle, à peine si l'Europe compte plus de deux ou trois noms à lui opposer.

On l'a appelé avec raison le Thucydide moderne.

Il en a la netteté, la profondeur pratique d'esprit, la sobriété de manière, l'ampleur sévère de la forme.

Prescott, plus connu chaque jour et plus étudié, rencontre chaque jour aussi plus d'appréciateurs de son talent, plus d'admirateurs de ses œuvres.

ŒUVRES COMPLÈTES

DE

GEORGE BANCROFT

HISTOIRE

DES

ÉTATS-UNIS

DEPUIS LA DÉCOUVERTE DU CONTINENT AMÉRICAIN

TRADUITE DE L'ANGLAIS

PAR Mᴸˡᵉ ISABELLE GATTI DE GAMOND

PREMIÈRE SÉRIE :

Histoire de la Colonisation.

DEUXIÈME SÉRIE :

Histoire de la Révolution américaine.

Format in-8 à 5 fr. le vol.

ESSAIS ET MÉLANGES

1 volume in-8. 5 francs.

BANCROFT est avec PRESCOTT et MOTLEY l'un des trois grands historiens de l'Amérique contemporaine.

Son **Histoire des États-Unis** est la seule histoire vraiment complète de cette jeune nation qui a si rapidement grandi. Elle contient notamment l'histoire, jusqu'ici non traitée encore, des colonisations successives qui se sont accomplies dans cette partie du nouveau monde, et continue pour ainsi dire les annales des peuples européens qui ont émigré dans ce continent.

LA
RÉVOLUTION DES PAYS-BAS
AU XVIe SIÈCLE

PAR JOHN LOTHROP MOTLEY

TRADUIT DE L'ANGLAIS PAR G. JOTTRAND ET A. LACROIX

L'histoire des Pays-Bas au seizième siècle est d'une importance si haute pour l'histoire générale de la civilisation, qu'il n'y a point lieu de s'étonner du grand nombre de recherches et d'explorations dirigées sur ce point, surtout depuis quelques années, depuis l'apparition des précieux documents publiés en Hollande par M. Groen Van Prinsterer, en Belgique par M. Gachard et en France par M. Weiss.

En Amérique même, deux historiens d'un mérite supérieur, M. William H. Prescott, enlevé à sa carrière, et M. John Lothrop Motley, ont pris pour texte de leurs études la seconde partie du seizième siècle, c'est-à-dire le règne de Philippe II, avec la révolution politique et religieuse, avec l'anéantissement moral de la Belgique et la fondation de la république des Provinces-Unies.

L'ouvrage de Motley embrasse la période si émouvante, si agitée comprise entre l'abdication de Charles-Quint et la mort de Guillaume le Taciturne, prince d'Orange (1555-1584). Ces trente années d'efforts généreux, de luttes grandioses pour une cause sainte, avec quelle vigueur l'historien les retrace!

L'Espagne et Rome, Philippe II et l'Inquisition, les ministres sanguinaires du tyran et les familiers du Saint-Office, apparaissent sous leur vrai jour ; et leurs crimes et leurs oppressions sont flétris avec l'énergique indignation d'une âme éprise du juste.

A côté, se détachent les figures calmes et rayonnantes des d'Orange, des Marnix, des amis de la nationalité, des serviteurs du droit et de la liberté — liberté civile et liberté de conscience.

L'histoire de la Révolution des Pays-Bas au seizième siècle et de la Fondation de la République des Provinces-Unies, traduite de l'anglais de Motley, forme quatre beaux et forts volumes in-8, de 600 pages chacun, soigneusement imprimés.

Le prix de chaque volume est de **cinq** *francs.*

TABLE DU CATALOGUE

TABLE

85

DIVISION DU CATALOGUE.

2500. — PARIS. — IMPRIMERIE DE POUPART-DAVYL ET COMP., RUE DU BAC, 30

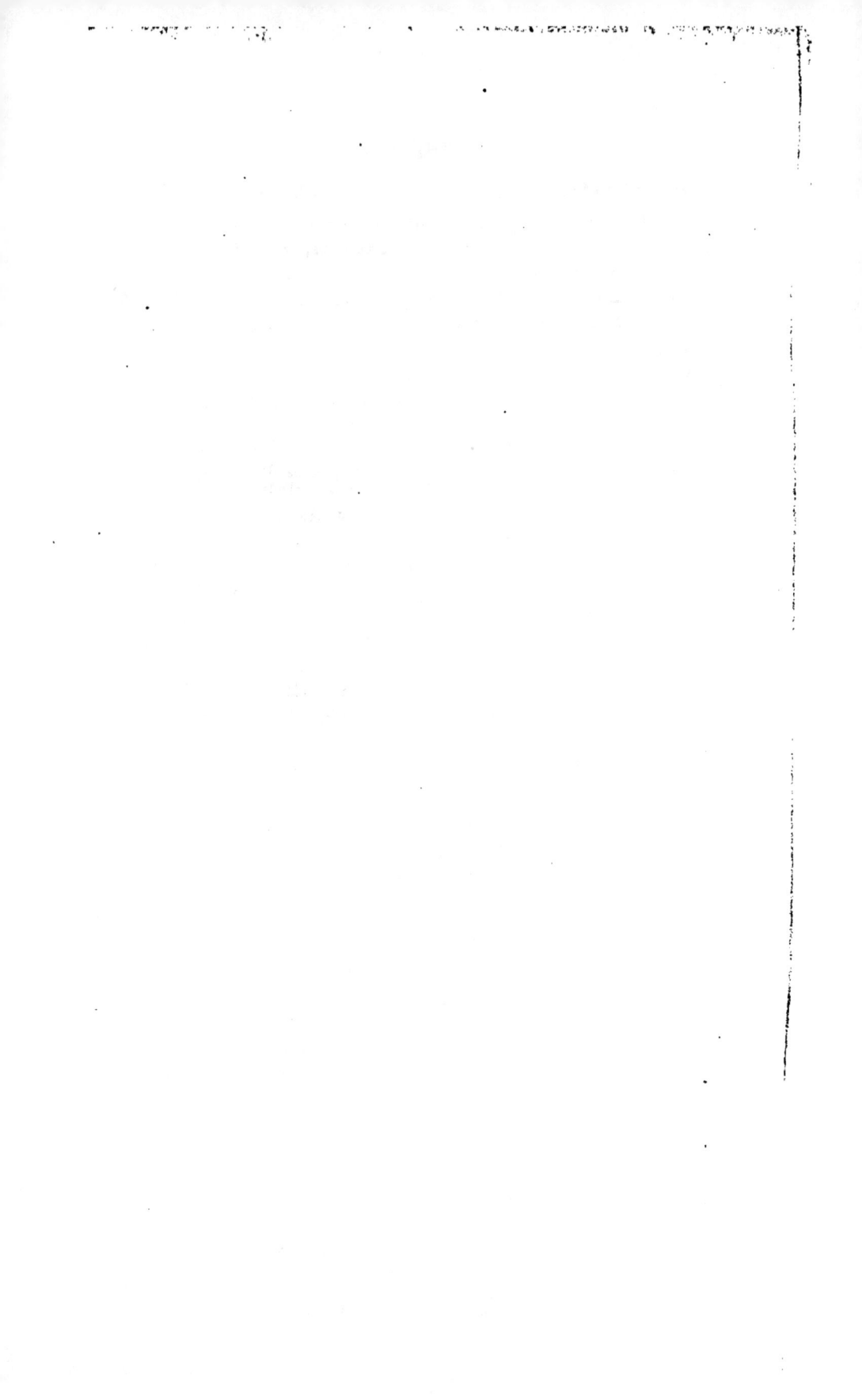

THÉATRE

COLLECTION DES GRANDES ÉPOPÉES NATIONALES

Paris. — Imprimerie Poupart-Davyl et Comp., rue du Bac, 30.

www.ingramcontent.com/pod-product-compliance
Lightning Source LLC
Chambersburg PA
CBHW072110090426

42739CB00012B/2911